共感の技法

福島県における足湯ボランティアの会話分析

西阪 仰　早野 薫　須永将史　黒嶋智美　岩田夏穂

勁草書房

はしがき

　1994年の夏，ロサンジェルスの大地震の直後，カリフォルニア大学ロサンジェルス校で，いまは亡きメルビン・ポルナー教授が語ってくれたことを，思い出している．アルフレート・シュッツは，私たちの普段の経験すべてを支えている「問われることのない地面（unbefragte Boden）」について比ゆ的に語っていた．しかし，大地震に直面して明らかになったのは，私たちの生活の自然の基盤は，自然の大地とかくも固く結びついていたということだった，と．
　2011年3月，東日本を中心に自然によってもたらされた地面の激しい揺れは，疑うことなく自然に受け入れられていた日常生活の基盤を，激しく揺さぶった．とりわけ，大地の揺れの次に私たちを襲った福島第1原子力発電所の爆発，炉心溶融は，私たちの日常生活に対する根源的な不意打ちだった．
　大震災のあと，人と人とのつながりについて，多くのことが語られた．私たちは，誰かとつながること，あるいは途切れることを繰り返しながら，社会的な関係を作り，あるいは作り直していく．大震災のあと，社会的関係をどのように（再）構築していくかは，いまだに，私たちにとって重要な問題である．
　しかし，その一方，じつは，私たちは，あらゆるものと，あらかじめ「宿命的に」つながっていて，そのつながりのなかに生み落とされ，そのつながりのなかを生きているように思う．ただ，そのつながりは，その痕跡とともに，しばしば隠されている．私たちは，まったく気づくことのなかった「他者」と出会って，驚くことがある．しかし，真に驚くことができる他者とは，じつは，ずっと前からつながっていたけれど，気づくことのなかった他者であるように思う．
　いまから2年前に，大熊とか双葉とか浪江とか富岡とか川内という地名は，どのくらい知られていただろう（少なくとも，私は，恥ずかしながらと言うべきか，

自覚していなかった).2011年の3月以降,これらの地域が,あるいはそこで生活をしていた人たちが,あるいはそこに働きに来ていた(いまもなお働いている)人たちが,非常にリアルな存在として,目の前に現われてきたとき,私たちは,この他者たちに不意を打たれるような思いを持ったにちがいない.その不意打ちは,東京という大都市で電気を惜しみなく使ってきた私たちの生活と,その人たちの生活との,隠れていたつながりが,突然,なんの前触れもなく顕にされたことによるように思う.

本書は,東日本大震災および福島第1原子力発電所事故により避難を余儀なくされた人たちと,現地の,あるいは日本の各地から福島を訪れたボランティアたちとのコミュニケーションにかんする研究である.それは,新たな「つながり」にかんする研究である.が,それは,あの大きな不意打ちによって,押し出された研究でもある.

研究が遂行できたのは,いつもながら,多くの方々の善意と厚意のおかげである.本書に至る歩みは,多くの現地のボランティアのコーディネータの方々に,研究協力のお願いをするところから始まった.そのなかで,貴重なご協力のほかに,多くの励ましをいただいたことに,心から感謝したい.そして,なによりも,「足湯」活動の場に,ビデオカメラを提げて登場した私たちのぶしつけな願いを聞き入れ,ボランティアとのやりとりの一部始終の撮影を許してくださった,避難所および応急仮設住宅に住まわれていた皆さんには,ほんとうに感謝の気持ちでいっぱいだ.逆に,こちらがお礼を言われたりするときなど,なんとか有意義な研究につなげなければならないと,そのつど気が引き締まる思いをしたものだ.また,各町村の社会福祉協議会や行政の関係の方々にもいろいろとお忙しいところ,承諾の手間をおとりいただいた.心から感謝したい.

なにぶん,プイラバシーの露出度の高い資料を扱う研究なので,研究に直接参加いただいた(ビデオ撮影の被写体となっていただいた)方々の個人の特定につながる情報は,一切開示することができない.そのため,ご協力いただいた皆さんの名を挙げてお礼を申し上げることができない.が,感謝の気持ちは,それによってなんら薄まるものではないことを,ご理解いただければと思う.

この研究は,科学研究費補助金(基盤研究(C)課題番号23530627)による研究

の一環として行なわれた．データの収集（ビデオ撮影）とその管理については，科学研究費申請時に，申請書とともに提出した研究倫理に関する方針にもとづいている．さらに，私の研究室がかかわるすべての研究について，「データの使用および管理のための指針」を定め，研究室のウェブサイトに公開している（巻末の文献一覧に URL が記載されている）．

　また，言うまでもないことだが，本書の内容にかんする責任は，すべて私と，それぞれの担当著者が負う．ご意見などあれば，西阪研究室（明治学院大学内）まで，お送りいただければと思う．

2013 年 1 月　西阪仰

＊

追記：本書の編集作業の過程において，勁草書房編集部の渡邊光さんに，たいへんお世話になった．本書の企画をいきなり持ち込んだときから，細やかな助言をいただいた．原稿が完成したあとも，割付，校正，索引作りなど，これまでのあらゆる局面において，とにかく細かい確認作業を行なっていただいている．疑問点なども率直にぶつけていただき，そのおかげで，読みやすさが随分改善されたと思う．心より感謝の意を表したい．いつものことであるが，複雑な記号を用いた書き起こしについては，渡邊さんをはじめ，制作に携わっていただいた多くのみなさんに，特別のご苦労をかけたと思う．この点についても，記して感謝したい．

〔2013 年 6 月 25 日 再校を終えて〕

目　次

はしがき　　i
事例の引用で用いられている記号　　vi

序章　足湯活動の相互行為分析　　1
第1章　二つで一つ
　　　　——複合活動としての足湯活動　　13
第2章　マッサージの手順が違反されるとき　　29
第3章　視線のゆくえ　　49
第4章　話題の展開
　　　　——足湯利用者はどのようにして自分から語り始めるか　　67
第5章　態度のすりあわせ
　　　　——「共感」はどのように形成されるか　　83
第6章　避難期間の表わし方から読みとれること　　97
第7章　飛び越えの技法
　　　　——「でも」とともに導入される共感的反応　　113
第8章　経験の固有性を認める共感　　127
第9章　共通性を示すこと
　　　　——共感の権利はどのように主張されるのか　　141
第10章　段階をへる共感　　157
第11章　不満・批判・愚痴を述べるということ　　173
終章　できなかったこと，そしてできたこと　　189

あとがき　　197
本文のなかで言及した文献一覧　　204
人名・事項索引　　208

事例の引用で用いられている記号

　本書の「データ」は，すべて実際のやりとりの録画である．が，書物にする以上，それを紙のうえに表現しなければならない．英語会話の書き起しについては，ゲール・ジェファソンが，精巧な記号群を開発した（エマニュエル・シェグロフは，ジェファソンの開発した記号のうち，とくに重要なものについて，解説を音声サンプルとともにウェブサイトに公開している）．本書では，ジェファソンの書き起こしシステムを，日本語用にアレンジしたものが用いられている．西阪のウェブサイトに公開されているシステムを土台にしているが，個々の記述については，本書の著者間で議論しながら，変更が施されている．

1. 重なり

[　　複数の参加者の発する音声が重なり始めている時点は，角括弧（[）によって示される．

　　　(1-1)　ボラン：　°ああ そうな[↓の:?°
　　　　　　利用者：　　　　　　　[°たくさんいる↓から:

[　]　重なりの終わりが示されることもある．

　　　(1-2)　ボラン：　はい[お 疲 れ さ ま で し ↑た]:::::
　　　　　　利用者：　　　[ありがとう ございまし↓た]

[[　　二人の話し手が同時に発話を開始するとき，その開始時点は，二重の角括弧（[[）によって示される．

(1-3) 利用者:　結構 優しいんだ↓よ:
　　　　　　　　　(.)
　　　　利用者:　[[a hah hah hah hah hah hah hah h h h h ↓h h h
　　　　ボラン:　[[あ↑あ ¥↓ほんとですか:¥ ahah hah hhhh .hhh

2. 密着

=　　二つの発話が途切れなく密着していることは，等号（=）で示される．

　　(2-1)　ボラン:　聞いて<u>く</u>れない人いるんですか?=
　　　　　利用者:　=い↑る↓よ:.

一つの発話において，語と語がが途切れなく密着していることは，その間に等号を挟むことで示される．

　　(2-2)　ボラン:　息子さん し↑<u>あ</u>わせです↓よ=なんか

さらに，音の重なりを書き取ったがゆえに，一つの発話が，間の1行（もしくは2行以上）により分断されることがある．このとき，この分断された発話が一連なりの発話であることも，分断された両端に等号（=）付すことで示される．

　　(2-3)　利用者:　<u>う</u>ちの子は↓ね:[ち↑<u>い</u>さいときから1人で: 育って =
　　　　　ボラン:　　　　　　　　　[<u>は</u>:い
　　　　　利用者:　= いるから↑ね?

3. 聞き取り困難

(　)　　聞き取り不可能な個所は，（　）で示される．空白の大きさは，聞き取り不可能な音声の相対的な長さに対応している．

(3-1) 利用者: もう よんヵ月 (　) 検査したっ↓て:,

(言葉) また聞き取りが確定できないときは，当該文字列が（ ）で括られる．

(3-2) 利用者: なん回教育委員会に電話した (ことか.)

4. 沈黙・間合い

(n.m) 音声が途絶えている状態があるときは，その秒数がほぼ0.2秒ごとに（ ）内に示される．

(4-1) ボラン: はい．
　　　　　　(1.2)
　　　　ボラン: 聞いt- 聞いて<u>く</u>れない人いるんですか？

(.) 0.2秒以下の短い間合いは，( ) 内にピリオドを打った記号，つまり (.) という記号によって示される．

(4-2) 利用者: ほ↓ら (.)↑そんなかに入れておく↓と

5. 音声の引き延ばし

:: 直前の音が延ばされていることは，コロンで示される．コロンの数は引き延ばしの相対的な長さに対応している．

(5-1) 利用者: いや::::: あれですよ

6. 言葉の途切れ

言- 言葉が不完全なまま途切れていることは，ハイフンで示される．

(6-1) 利用者: ちょ- あの 防波堤あんのな?

7. 呼気音・吸気音・笑い

h 呼気音は，hh で示される．h の数はそれぞれの音の相対的な長さに対応している．

(7-1) ボラン: ↑ああ:::↓:: hh

.h 吸気音は，.hh（h の前にピリオドを付したもの）で示される．h の数はそれぞれの音の相対的な長さに対応している．

(7-2) 利用者: やっぱり .hh ＜いないよりいたほう↓が＞ ↑いい↓な

言(h) 呼気音の記号は，笑いを表わすのにももちいられる．とくに笑いながら発話が産出されるとき，そのことは，呼気をともなう音のあとに(h)を挟むことで示される。

(7-3) ボラン: ぜ(h)ん(h)ぜ(h)ん(hhh)

¥ ¥ 発話が笑いながらなされているわけではないけれど，笑い声でなされているということもある．そのときは，当該箇所を¥で囲む．

(7-4) ボラン: あ↑あ ¥↓ほんとですか:¥

heh/hah/huh 笑い声は，h に近似の母音を組み合わせた形で表わす．

(7-5) 利用者: a hah hah hah hah hah hah hah h h h h h ↓h h h

8. 音の強さ・大きさ

<u>下線</u>　　音の強さ（強勢）は下線によって示される．

　　(8-1)　利用者：　1人でこっ<u>ち</u>に来<u>て</u>↓から↑ね:?

言<u>葉</u>:　音が強勢により少し高められたあと，すぐにもとの高さに戻るような発声方法が，しばしば観察される．このような発声方法は，最後の母音に下線を引き，そのあとに下線のない「引き延ばし」記号（コロン）を付すことで示される．

　　(8-2)　利用者：　い<u>た</u>んですけ<u>ど</u>:

言<u>葉</u>:　末尾の音の直後が強勢により少し高められるような発声方法も，しばしば観察される．この発声方法は，音の引き延ばし部分にのみ下線が引かれることで示される．

　　(8-3)　ボラン：　ね<u>::</u> そう<u>で</u>すよ↓ね<u>::</u>

言葉<u>::</u>　末尾の音の直後が少し強められて（その結果音程も少し高くなり），すぐにもとにもどるような発声方法も，しばしば観察される．これは，下線を伴うコロンと下線を伴わないコロンを前後に配置することにより，示される．

　　(8-4)　ボラン：　°<u>あ</u> ほんと<u>::</u>°

大　　音が大きいことは，斜体により示される．

　　(8-5)　ボラン：　*<u>はい</u> おわり<u>で::</u>:↓す::*

CAP　音が大きいことは，笑いなど，ローマ字が用いられているときは，大文字を用いることで示される．

　　(8-6)　ボラン：　uHEH HEH HEH HEHhhhhhhh .hhh

° °　音が小さいことは，当該箇所が ° で囲まれることにより示される。

　　(8-7)　ボラン：　手 いいです↑か: ↓°こっち（ん-)°

9．音調（イントネーション）

　ピリオド，カンマ，疑問符は，文法的な記号としてではなく，音調を表わす記号として用いられる．質問であっても，末尾には（音調が下がっていれば）ピリオドが付されることもあるし，質問でなくても，（音調が上がっていれば）末尾に疑問符が付されることがある．

．　語尾の音が十分下がって，発話完了のような音調が作られるとき，そのことはピリオド（.）で示される．

　　(9-1)　利用者：　最悪です．

，　音が少し下がって，発話途中の区切りのような音調が作られるとき，そのことはカンマ（,）で示される．

　　(9-2)　利用者：　決まんの早かったんですけど,

？　語尾の音が十分上がって，発話完了のような音調が作られるとき，そのことは疑問符（?）で示される．

　　(9-3)　ボラン：　聞いてくれない人いるんですか?

¿　　語尾の音が少しだけ上がって聞こえるとき，逆疑問符（¿）を付すこともある．

　　　（9-4）　ボラン：　もう 二ヵ月ちかくに なるんですよね::¿

↓↑　　音調の上がり下がりは，それぞれ上向き矢印（↑）と下向き矢印（↓）で示されることもある．

　　　（9-5）　利用者：　いま生きてん↓のがね:::↑〈八歳〉 ↓か↑な

言葉_　末尾の音の高さが平坦であることは，音の直後に，下線の付された空白を設ける設けることで示される．

　　　（9-6）　ボラン：　ふ::::ん_

10. スピード

＞　＜　発話のスピードが目立って速くなる部分は，左開きの不等号と右開きの不等号で囲まれる．

　　　（10-1）　利用者：　＞仕事で忙しいから＜

＜　＞　発話のスピードが目立って遅くなる部分は，右開きの不等号と左開きの不等号で囲まれる．

　　　（10-2）　利用者：　やっぱり.hh＜いないよりいたほう↓が＞ ↑いい↓な

＜言葉　急いで押し出されるように発言が始まるとき，そのことは右開きの不等号（＜）がその発言の冒頭に付されることで示される．

　　　　　(10-3)　避難者：　　°んん,°
　　　　　　　　　　　　　　(0.2)
　　　　　　　　　ボラン：　＜じゃ もう ニヵ月ちかくに

言葉＜　言葉は中断されることなく言い切られているが，急いで止められるとき，それは右開きの不等号（＜）が末尾にふされることで示される．本書ではこの記号は用いられていない．

11. 声の質

＃　＃　声がかすれている部分は，＃で囲まれる．

　　　　　(11-1)　ボラン：　あ h ＃ああ＃::

＊　　実際に発せられた音は，50音によって明確に弁別できるとはかぎらない．そのようとき，とりあえず近似の文字にアステリスク（＊）が付されることで，実際の音は必ずしも書かれた音そのものではないことが，示される．

　　　　　(11-2)　ボラン：　ああ＊::::::::::::::

12. 注記

(( ))　発言の要約や，その他の注記は二重括弧で囲まれる．

　　　　　(12-1)　((9行省略))
　　　　　(12-2)　ボラン：　°あ::::°((呼気混じり))

匿名化について

　本書においては，県名としての福島以外，すべての固有名（個人名，施設名，団体名，地名など）は，匿名化されている．まったく単に伏せてあることもあれば，別名に置き換えられていることもある．また，個人の特定につながりうる他の情報（職業など）についても，適宜，伏せるか別のものに変更してある．

序章　足湯活動の相互行為分析

震災とコミュニケーション

　2011年3月11日に東日本大震災が起きた．そしてその直後，福島第1原子力発電所が爆発した．発災以来，被災地の住民の多くは避難所や応急仮設住宅，県借上げ住宅で避難生活を送ることになった．とくに，福島県内の，いわゆる避難指示区域内に住んでいた人びとの多くは，その区域内に立ち入ることを禁止され，今なお故郷に戻ることができていない．

　震災以降，さまざまなボランティア活動が被災地で行なわれた．ボランティア活動といえば，私たちは，すぐに，倒壊した家屋のがれきの撤去，泥のかき出しのようなもの，また炊き出しや物資支援などを思い浮かべる．こうした活動は，人の生命に直結するものであることはまちがいない．しかし，被災地でなされたボランティア活動はこれだけではない．

　多くの避難所で，早くから避難住民とコミュニケーションをとるボランティア活動が行なわれていた．ここで言うコミュニケーションとは，「避難住民とともにいること」や「会話をすること」という程度のことでしかない．だが，こうしたことが，多くのものを突然失い，あるいは，生活再建の見通しもままならない避難住民にとって，なんらかの意味を持ちえたことも，想像できる．

　1997年の神戸弁護士会の提言（『阪神・淡路大震災と応急仮設住宅——調査報告と提言』）によれば，阪神淡路大震災によって仮設住宅での生活を強いられた人びとのうち，震災後1年の1996年1月17日までに51人の「孤独死」者が出た．それに対し，2012年4月16日（すなわち，震災から13ヵ月後）の日本経済新聞によれば，東北三県あわせたうちの「孤独死」者は，およそ「25人」である．この数字は，震災が及んだ地理的な範囲を考慮すれば，「孤独死」者は減ったことを，示している（ちなみに，総理府［当時］が2000年2月に発表した『阪神・淡路

大震災復興誌』という資料によれば，震災発生の7ヵ月後には，ほぼすべての応急仮設住宅，50,000戸弱（兵庫県および大阪府）が完成した．東日本大震災については，復興庁が2012年5月に発表した「復興の現状と取組」という文書によれば，この時点で，応急仮設住宅が48,884戸，そのほか，県借上げ住宅が9万戸弱ある）．阪神淡路大震災，中越地震のさいの様々な試みが，今回の多くの避難者を生んだ状況に，生かされているのかもしれない．もちろん，それでも「25」という数字は決して小さなものではない．まさに孤独死という，この事実のまえに，本書の課題はある．

本書がとりあげる「足湯活動」は，コミュニケーションをとる，ということに強く志向した活動といってよい．第1章以下で，このことを具体的に示していこう．

福島県の原子力発電所の爆発によって避難を継続しているいわゆる「原発避難者」の多くは，今なお故郷に帰れる見通しは立っていない．むしろ，かれらの生活が避難所から仮設住宅や借上げ住宅に移った今，コミュニケーションをとる活動は，ますます重要になるように思える（いわゆる「自主避難者」も含め，福島県外に避難しそこで現在生活する人びとにとっても，もちろん，事情は同じだろう．本書が，福島県下の足湯活動だけを扱っているのは，著者たちの研究の「歴史的偶然」による）．

足湯活動とはどのような活動か

足湯活動はおおむね次のような活動である．避難所や，いわゆる仮設住宅に赴き，そこの住民に足湯を提供する（用意したたらいの湯に足だけ浸してもらう）．そのあいだに，避難住民の両手をマッサージする．その一方で，かれらの話に耳を傾ける．

この活動は，阪神大震災当時に始められた．その後，中越地震においてもボランティアらによって行なわれた．この度の東日本大震災の被災地においても足湯活動は広く展開され，足湯が開催されるときは避難所・仮設住宅の住民が多く集まっている．

ところで，聞き取られた避難住民の語りは，「つぶやき」と呼ばれる．この「つぶやき」は，ボランティア自身の手によって記録されている．これをとおして，

緊急性の高い「ニーズ」があると判断されるときは，各市町村の社会福祉協議会などに伝えられることもある．

福島県内における最大の避難所だったビッグパレットでも，早い時期から足湯ボランティア活動が行なわれていた．そのときに集められた「つぶやき」が，『生きている 生きてゆく』という本にまとめられている．

一方，中越防災安全推進機構から避難住民支援のためビックパレットに派遣され，足湯のコーディネータでもあった北村育美は，この本のなかで，足湯の目的について，次のように述べている．

> 「足湯」は被災者の方にリラックスしてもらうのはもちろん，不安や心に抱えていることを話してもらうことが目的です．「足湯」の不思議なところは，初対面であるのにもかかわらずたくさん話して下さる方が多いことです．[中略]足湯ボランティアが心を傾けて話を聞くことで，ひとりじゃない，そばにいますよ，ということも被災者の方に同時に伝えることができ，長期にわたる避難生活で疲れている被災者の方々に寄り添うことができます．何気ない会話の中から真のニーズを聞くことのできる「足湯」は傾聴の側面が大きいのです．（228ページ）

足湯活動に直接携わる者の立場から，「傾聴」という側面が重要視されていることが，確認できる．

本書は，このような足湯ボランティア活動の，避難所・仮設住宅の住民とボランティアが実際に触れあい語り合う現場において，なにが起きているのかを，「会話分析」という分析手法を用いて，捉えようとするものである（会話分析については，後で述べる）．実際の分析に先立ち，そもそも足湯活動はどのように行なわれるのか，少し詳細に紹介しておこう．

足湯活動における二つのインストラクション

　足湯活動に初めて参加する人びとは，活動の前に30分から1時間程度のインストラクションを受ける．私たちが初めて参加したときも，このインストラクションを受けた．そのインストラクションは，大きくわけて二つある．一つ

は足湯とマッサージの手順にかんするもの，もう一つは会話にかんするものである．

　足湯とマッサージの手順については，おおむね次のように指示される．最初に，コップ1杯の水を飲んでもらう．これは，足湯による発汗に対する水分補給のためと思われる．たらいに湯をはり，入浴剤を入れ，足をつけてもらったら，温度を調節する．そのあと，指から順番に，両手・両腕のマッサージを行なう．指一本一本から始め，水かき，手のひら全体，それから，手の甲を上にして，人差し指と親指の付け根，手の側面をマッサージする．ついで，前腕の内側・外側，上腕の外側をさする．左手・腕が終わったら，さし湯をして湯の温度調節を行ない，右手・腕のマッサージに移る（左右の順序は，陰陽道にもとづいていて，日が出ているときと出ていないときでは，逆転すると説明されることもある）．両方が終わったところで，足を軽くタオルで拭く．

　一方，会話については，聴く姿勢が強調される．興味本位の質問は慎むこと，会話が途切れたときは，当たり障りのない話を投げかけてみること，上気を防ぐため話し込んで20分を超えることがないよう気をつけること，などが指示される．

　以上のインストラクションは，あくまでも事前のインストラクションであって，実際にこのとおり進むとはかぎらない．現に，1時間ぐらい続くなどということも稀にあるし，第2章で示すように，マッサージが手順とは逆方向に進み始めることもある．が，いずれにしても，私たちが，以下で示そうと思うのは，この「インストラクションに従った活動」が，その時々のさまざまな偶然的な事情に左右されながら，実際にどのように組み上げられ（組織され）ていくのか，ということにほかならない．

データと分析の方法——会話分析について

　私たちは，2011年6月から，2012年8月までのあいだに，福島県内で足湯活動における利用者とボランティアの実際のやりとり（相互行為）を，多くビデオに収めることができた．その数は，すでに90例ほどになる．そのうちとくに2012年3月以前に記録したものを，詳細に書き起こし分析した．これが本書の素材（データ）となっている．

私たちが拠って立つ分析方法は,「会話分析」と呼ばれる手法である．会話分析がどのような分析手法であるかについては，ここではあまり体系的に述べない．むしろ，第1章以下に提示されている，その分析の結果を見ていただき，その分析および議論が説得力のあるものであるかどうかを，検討していただければと思う．実際にどのようなことを行なうのかということだけ，簡単に整理しておこう．
　会話分析は，基本的に，言葉を用いた実際のやりとり，つまり，言葉を用いた実際の相互行為を詳細に分析する方法である．そのとき，重要なことは，とりあえず，4点ある．
　第一に，分析の焦点は，つねに，その相互行為の参加者たち（相互行為を行なっている当人たち）が，その自分たちの相互行為を進めていくために，何を行なっているのか，という点にある．
　単純なところでは，例えば，質問を行なっている，返答を行なっている，という言い方ができるだろう．返答でも，どのような表現を用いているか（質問に用いられた表現をそのまま用いているか，別の表現を用いているか，その別の表現はもとの表現よりも強い表現か，それとも弱い表現か，などなど）によって，どのような返答を行なっているかは，異なるだろう．
　あるいは，自分の発話を，先行する相手の発話にどのように関係づけているのか．返答することは，相手の質問に自分の発話を関係づける，一つのやり方だろう．それでも，「そう」と一言返答するのと，一つの完結した文で返答するのとでは，その質問との結びつき方は，異なる．「そう」という一言の発話は，まさにその簡潔な言い方のゆえに，非常に強く直前の発話に結びつけられる．あるいは，自分の発話を「ところで」と切り出すならば，それは，その発話が，むしろ，直前の発話との結びつきがないことを，主張することになるだろう．
　会話分析の分析の焦点は，このようなさまざまなレベルでの「当人たちが実際にやっていること」にほかならない．第二に，この「当人たちが実際にやっていること」は，きわめて微細なレベルにまで及ぶ．例えば，わずかな（1秒以下の）沈黙，発話の重なりのタイミング，笑い声の微妙な大きさの違いなどにも，当人たちはなんらかの意味を見出しうる．例えば，最初は，息を吐き出しているだけと聞こえるような笑い方から，もし相手も笑い始めるならば，こん

どは声を出して笑い，もし相手も同じように笑うならば，さらに声を大きくして笑う，などということは，いかにも私たちが普段やっていそうなことではないか．

だから，会話分析の最初のステップは，録音・録画の詳細な書き起こしを行なうことである．そのために，音声をなんども聞き返し，動画をなんども見返すことになる．

第三に，会話分析が分析的に記述しようとすることは，ほとんど普段私たち自身が行なっていることである．質問や返答のやり方を私たちは十分よくわかっている．私たちは，質問や返答をいつも行ないながら，日々の生活を送っている．しかし，コンピュータの前に座って，ヘッドフォンを耳につけ，書き起こしに目を凝らしながら，さて，ここで，この人は何をやっているのかと，あらためて考えてみるとき，それを言葉にすることは，じつは，それほどたやすいことではない．

例えば，私たちは，日本語を十分使いこなせるぐらいわかっている．日本語を話しながら日々の生活を送っている．しかし，助詞の「に」にどのような用法があるかと，あらためて考えると，それを言葉で表現するのは結構難しい．それと同じである．とくに，いま述べたような，非常に微細なレベルにおける「やっていること」となると，なおさらである．会話分析は，そのために，いったん研究の対象として注目したいと思う現象が決まったならば，（厳密な定義などは後回しにして）まず，その現象を含む相互行為断片を，書き起こしから切り抜き，「断片集」を作成する．その断片集の一つひとつの断片において起きていることを丁寧に特徴づけながら，目標の現象がどのような現象なのか（当人たちは，そこで何をやっているのか）を明らかにしていく．

このあたりの手の内は，第7章でわりと見やすくなっている．例えば，「でも」から始まる共感的な反応は，いくつかの例にもとづいて，まずは，直前の発話ではなく，少し前の発話への反応として構成されると特徴づけられる．しかし，この最初の特徴づけは，別の例によって，直前の発話ではなく，一連の発言全体の要点への反応として構成されると，修正されるという具合である．

第四に，すでに述べたように，私たちは，誰かと相互行為を行なうとき，さまざまな微細な振る舞い（沈黙や笑いの大きさ，さらに，視線の動きや上体の動き，

など）に，意味を見出している．意味を見出すことができる以上，その振る舞いは，なんらかの手続き（しかもそれ自体組織立ったものとして整えられた手続き）に従ってなされているはずだ．というのも，なんの手続きもなく，でたらめに行なわれていることに，私たちは意味を見出すことはできないからだ．

　さて，会話分析は，「当人たちのやっていること」を捉えようとするからといって，「『うん』と言っている」，「笑っている」などと，その振る舞いをそのまま記述するわけでは，もちろんない．「当人たちがやっていること」を捉えるということは，じつは，このような振る舞いにおいて当人たちが従っている手続きを捉えることにほかならない．

　以上が，とりあえず「会話分析」についてあらかじめイメージしておいていただけたら，と思うことである．私たちが実際に分析の過程で行なったのも，ほぼこのとおりである．

本書のためにどのような分析作業を行なったか

　最初に，40例ほど相互行為の音声をすべて文字化した．それぞれボランティアが利用者に好みの湯加減を聞き，たらいに湯をはるところから（これは，ボランティアの自己紹介のまえに行なわれる），最後の別れの挨拶までを，含んでいる．短いもので10分強，長いもので1時間ぐらいになる．20分前後のものが多い．

　この書き起こしをもとに，いくつかの断片を分析する検討会を，何度か行なった．そのなかで，興味深い現象（とりあえずは「利用者の側からの新たな話題の展開」とか「ボランティアの共感的反応」など，かなり雑駁なレベルのもの）をいくつか取り出し，こんどは，その現象を含む断片を，書き起こしから切り抜く作業（断片集の作成）を，手分けして行なった．それぞれの現象につき，20ないし50ぐらいの断片を集めたところで，それぞれの断片において起きていることの特徴づけを試み，現象を再（細）分類していく作業を，各自で行なっていった．

　それぞれの分析を持ち寄り，議論する会合を何度か持ち，本書はできあがった．その過程のなかで，現地のボランティア宛に二つの中間報告書をまとめ，震災から1年後の2012年3月には，福島大学の教室をお借りして，福島県下の複数の地域でそれぞれ足湯活動に参加されている（あるいは足湯活動をコーディネートされている）若い皆さんと，ワークショップを行なうこともできた．

では，このような分析をとおして，何ができるのだろうか（あるいは，何ができないのだろうか）．

本書のめざすもの

　私たちが本書でめざすのは，あくまで，足湯活動における，足湯利用者とボランティアの相互行為が，まさにその相互行為に参加する利用者とボランティア自身によってどのように動かされているか（その手続き）を，明らかにすることである．だから，本書は，例えば，足湯活動が実際に，仮設住宅や借上げ住宅における住民の孤独死の防止にどのぐらい貢献しているかとか，いま求められているボランティア活動の形態はどのようなものであるべきかといった問いに，答えることはできない．また，足湯活動をうまく行なうためのマニュアル作りなどにも，おそらく貢献できないだろう．

　本書は，いわゆる「相互行為論」と呼ばれる（社会学と言語学の交わる）分野における研究書である．相互行為における話題の展開，共感的反応の組織，複合的活動の組織など，相互行為論上の重要な課題について，議論を展開している．しかし，相互行為論そのものに関心がなくても，「原発避難」やボランティア活動に関心を持つ読者に，読んでもらいたいと思っている．そのため，複雑な注をつけることもしていないし，議論もできるだけ簡略化し，その他の点においても，多くの方に近づきやすいよう，さまざまな工夫を試みた．一つひとつの章も，（少なくとも章ごとには一気に読めるよう）できるだけ短いものとした．

　それは，本書が，それでも，なんらかの形で，避難住民の生活の質の向上に貢献できるはずだと考えるからである．例えば，先の引用にもあったように，足湯活動に携わる人たちは，しばしば，「初対面であるにもかかわらず」足湯利用者たちがさまざまなことを語り出すのを不思議に思うようだ．足湯とマッサージのゆえに緊張がほぐれるからではないか，身体接触のゆえに格別の親しみが生じるからではないか，とさまざまな推測がありうるだろう．

　一方，私たちは，会話分析にもとづく相互行為論の立場から，足湯活動という枠組みのなかで，足湯利用者たちはなぜ自分のことをいろいろと語ることができるのか，逆に，若いボランティアたちがなぜ年配の利用者たちとリラックスした会話を行なうことができるのか，というような「神秘」の一端を，解明

(「非神話化」) できたと思っている（ちなみに，福島大学災害ボランティアセンターのブログが，足湯活動に参加した若いボランティアたちのさまざまな声を伝えている）．「神秘」の一部が解明できるならば，さまざまな「コミュニケーション・ボランティア活動」（コミュニケーションをとることに重きをおくボランティア活動を，とりあえずこう呼んでおこう）のメリットとデメリットを比較することもできるだろう．

　あるいは，若いボランティアたちが，利用者の厳しい体験を聞いて，どう反応していいかわからなかったと漏らすことがある．しかし，実際の相互行為を分析してみると，かれらは，かれらなりに，ちゃんとしかるべき反応を行なっている．そのとき，私たちが解明するのは，かれらが実際に従っている（前述の）手続きのいくつかである．ボランティアたちは，いまはその手続きに，それと自覚しないまま従っているのかもしれない．しかし，それぞれの手続きが言葉によってはっきりと表現されるならば，こんどは，それを一つの選択として用いることができるようになるかもしれない．

本書の構成

　以上が，本書で目指したいと思っていることである．最後に，本書の構成を簡単に紹介しておこう．

　足湯活動における相互行為は，「マッサージ」活動と「会話」活動という二つの活動からなる「複合活動」である．最初に，この「複合活動」という特徴について論じる（第1章～第3章）．実際に足湯活動が展開していくなかで，この二つの活動は，どのようなやり方で調整されているのか．第1章では，マッサージに言及する発言が，会話のなかにどのように配置されるかを検討する．第2章では，利用者の手を揉むボランティアの手の動きに注目する．ボランティアは，インストラクションに反することをしばしば行なう．この違反によりボランティアたちは何を成し遂げようとしているのかを，明らかにする．第3章では，足湯利用者とボランティアの視線の動きに注目することで，足湯活動が「複合活動」であることの意味を，ふたたび考える．

　では，実際に，足湯に参加する住民は，足湯活動のなかで，どのようにして自分のことを語り始めるのか．第4章では，そのための手続きを検討する．

本書の後半は，おもに，ボランティアの共感的な反応がどのような手続きにしたがってなされているのかを，明らかにする．第5章で，共感的反応の基本的なやり方を概観したあと，第6章で，発話の組み立て（とくに避難生活期間の表わし方）のなかに，どのように話し手の特定の評価的態度が組み込まれるかを検討する．この二つの章でとくに次の点が明らかになる．さまざまな経験に対する評価的な態度（ある期間を長いと評価するか短いと評価するか，避難所での生活を家族的でよいと評価するか自由が利かずによくないと評価するか，など）は，その経験そのものの内在的な特徴なのではない．むしろ，避難住民とボランティアたちが具体的に言葉を交し合うなかで，各個人の持つ評価的態度が，すりあわされていく．この点を，まずは押さえておく必要があるだろう．

　続く第7章～第10章では，「共感」のためのいくつかの手続きを明らかにする．じつは，なにか深刻な話を聞いたとき，いつでもすぐに共感的に反応できるわけではない．共感のタイミングをはかりながら，あるいは共感しやすい側面にとくに焦点を絞りながら，共感を示す場合がある（第7章）．

　相手の語る経験が深刻なものであるとき，その経験をあえて遠ざけながら共感を示すこともあれば（第8章），逆に，相手と同様の経験のあることを明確にしつつ共感を示すこともある（第9章）．このさまざまな「共感の技法」は，すでに述べたように，ボランティアたち自身が（あるいは，ときには足湯利用者の側が），実際に用いている技法である．

　第10章では，共感を示すための手続きを，より形式的に論じる．そして，最後の第11章では，避難所・仮設住宅の住民が抱えているさまざまな問題・心配事などが，どのように語られ，それがボランティアによってどのように受け止められるかを，明らかにする．その問題や心配事に対してどのような評価的な態度（その問題を合理的な批判として主張するべきか，あるいは単なる愚痴にしかならないから堪えるべきか，など）がとられるかは，ふたたび，実際のやりとり（相互行為）のなかですりあわされていく．

　これらの研究が，相互行為論およびコミュニケーション・ボランティア活動の両方に持つ意味を，終章において考え，本書を閉じたい．

　最後に，一つ補足しておきたいことがある．じつは，東日本大震災が起きて

2年たったいま，仮設住宅や借上げ住宅（あるいは県外の様々な場所）で暮らす人びとのことを，どのような言葉で呼ぶのがふさわしいか，著者たちのあいだで若干の議論になった．震災から半年後に，現地のボランティアたちに向けて中間報告書をまとめたときは，何のためらいもなく「避難者」という言葉を用いていた．もとの居住地を離れて避難している人たちという，きわめて記述的な表現に，少なくとも私たち自身は，とくに違和感を持たなかった．

　しかし，それぞれの場所で生活を重ねている人たちは，いまや「避難者」である以上にその場所における「住民」である．先に言及した『生きている 生きてゆく』の「あとがき」で，ビックパレットふくしま避難所県庁運営支援チームを率いていた天野和彦は，すでに次のように述べている．

　　住居に「仮」はあっても，人の生活に「仮」というものはない．避難所という日常では考えられない居住空間であっても，避難住民の方々はそこに粛々と暮らしを築いてきた．（231 ページ）

　そもそも一つの呼称を用いようとしても，その呼称は，それが向けられる存在の厚みによってはじかれてしまうような感覚を，いま持っている．それでも，ビデオの書き起こしを引用するとき，なんらかの一貫した呼称が便宜上ほしかった．それぞれの個人を，A，B，C という無機的な記号で表わすのが一番よいのではないか，という意見もあった．が，とりあえず思いついたのが，ボランティアたちが提供する「足湯」を利用する人たちという，最も直接的な記述的呼称である．そういうわけで，「利用者」という言い方を用いているが，それも，あくまで便宜上のものであることを，あらかじめ注記しておきたい．

（西阪仰・須永将史）

第1章　二つで一つ
——複合活動としての足湯活動

　会話とマッサージ．足湯活動はこの二つの活動を同時に含む．会話のほうが「主要な」活動として維持される．しかし，その反面，足湯利用者もボランティアも，マッサージのほうを「基底的な」活動と認識している．足湯の「秘密」は，この（一見矛盾する）特徴のなかに隠されている．

基底的な活動と随伴的な活動

　序章で紹介したように，足湯活動は，避難所や応急仮設住宅の住民に足湯を提供して，両手・両腕のマッサージを行ないながら，避難住民の話に耳を傾ける，そういう活動である．この活動は，いわば，マッサージという活動と会話を行なう活動という，二つの活動から成立している複合的な活動である．この複合的な活動を構成する二つの活動（マッサージと会話）は，いわば同時に進行していく．これは，どのようになし遂げられているのか．この章では，これを検討したい．

　足湯活動に従事するボランティアたちは，重要なのはあくまでも会話のほうだと，よく言う（足湯を利用する避難住民たちも同じような感想を持つかもしれない）．しかし，本章で示すのは，じつは，一見これと反対のことである．

　足湯活動においては，相互行為の構造を見るかぎり，足湯の提供とマッサージのほうが「基底的活動」であって，会話のほうが「随伴的活動」である．しかし，その一方，足湯活動が行なわれる一定時間内の多くの時間において，会話のほうが主要な活動になっているのも，また事実である．矛盾のように感じられるかもしれない．が，ここに，足湯ボランティア活動の最大のメリットの一つが潜んでいるというのが，私の考えである．

　ここで「基底的」「随伴的」ということの意味を少し説明しておこう．アーヴィン・ゴッフマンは，さまざまな場面における私たちの振る舞いを分析するにあ

	そのつどの実際の区別	
	主要な	副次的
構造的〈階層的〉区別 基底的		マッサージ活動（手順に関する発話も含む）
構造的〈階層的〉区別 随伴的	会話活動	

図1(a)
会話が行なわれているときは，マッサージ活動は，構造的には「基底的」であり続けながら，「副次的」な活動として組織される．本章で論証しようとしているのは，このことである．ちなみに，マッサージの手順に関する発話は，マッサージ活動の一部を構成する．

	そのつどの実際の区別	
	主要な	副次的
構造的〈階層的〉区別 基底的	マッサージ活動（手順に関する発話も含む）	
構造的〈階層的〉区別 随伴的		

図1(b)
もちろん，会話が行なわれていないときは，マッサージ活動は，「基底的」かつ「主要な」活動として組織される．

たり，「関与の配分」に注目した．ゴッフマンは，分析のために，関与を二つの軸でタイプ分けする．一つは，支配的関与と従属的関与の区別という軸，もう一つは，主要な関与と副次的関与という軸である．支配・従属の区別は，いま何に関与を向けるべきとみなされているかにかんする区別である．どのような場面か，例えば，授業か，会議か，おしゃべりかによって，何に関与を向けるべきかは異なる．授業であれば，教員の話を聞くこと，あるいはノートをとることが支配的関与となり，頭をかきむしることは，従属的関与となる．主要・副次の区別は，いま実際に何に関与が向けられているかにかんする区別である．授業中であっても，必死に頭をかきむしり始めて，こちらのほうが主要な関与となり，教員の話を聞くほうが副次的関与になることがある．

　本章では，このゴッフマンの（関与にかんする）区別を，複合活動がなされる状況に適用して，「基底的活動」と「随伴的活動」，および「主要な活動」と「副次的活動」という言い方をする．「支配的」「従属的」の区別が「基底的」「随伴的」に置きかえられているのは，足湯活動においてはマッサージも会話もいずれも（その場においてなされるべき活動という意味で）「支配的」だからである．それにもかかわらず，二つの活動は，活動に参加する本人たちによって，（単にどちらがいま実際に主要な活動として営なまれているかとは独立に）いわば基本組織として階層的に区別されているように見える．本章における「基底的」「随伴

的」の区別は，このような階層的な区別である（図1参照）.

　足湯に参加する利用者およびボランティア自身，どのようにして二つの活動を，まさにその活動を行なうなかで，基底的活動・随伴的活動，主要な活動・副次的活動に振り分けているか．これを検討することで，この二つの活動の関係を考察してみたい．

基底的な活動としてのマッサージ

　マッサージのほうが「基底的」であるという点は，私の観察であるだけでなく，足湯に参加している本人たち（利用者およびボランティア）自身の見方でもある．例えば，足湯が終わりに近づいたところで交わされるやりとりを，見てみよう．事例 (1) は，ボランティアが利用者の足を拭き終えたところである．2行目の利用者の謝意の表明（「ありがとうございました」）は，1行目のボランティアの「お疲れさまでした」と同時に発せられていることに注意したい．つまり，両者ともに，いま足湯が終わりであると捉えていることがわかる．

(1)
1　ボラン：　　はい［お疲れさまでし↑た］::::[::
2　利用者：　　　　　［ありがとうございまし↓た］　　［↑ああ 気持ち
3　利用者：　　　　い↓い ありがと↓う

　利用者は，ボランティアの「お疲れさまでした」に応答して，「気持ちいい」と言い，それに続けて，再度，礼を述べる．ボランティア側の「お疲れさま」という言い方も，利用者側の「気持ちいい」という言い方も，これまでの20分ほどの相互行為全体を総括している．そして，いずれも湯の提供とマッサージに言及しているように聞こえる．「お疲れさま」という言い方は，なんらかの「作業」が行なわれたという理解を示しているだろう．とりわけ，利用者の「気持ちいい」は，湯の提供とマッサージを受けたことに，明確に言及している（会話ができて「気持ちいい」と言うことはないだろう）．つまり，それは，これまでの相互行為全体を，あくまでも，湯に浸かりながらマッサージを受けた活動としてまとめている．

次の事例は，ボランティアが利用者の足を拭く直前のものである．

(2)
1　利用者：　　↑ああ::　[↓すいません, なんかいっぱいね, やって＝
2　ボラン：　　　　　　[はい. じゃあ, 終わりですね: :, はい: :.
3　利用者：　＝もらって[ね:.
4　ボラン：　　　　　　[ありがとうございます.

　ここでも，両者ともに，もう「終わり」であると理解しているのがわかる．利用者は，「すいません」と謝意を表わしている．そのあと，「いっぱいね, やってもらってね」と言って，何かを「やってもらっ」た受益者として，自分を明確に位置づけている．また，ボランティアの「じゃあ, 終わりですね」も，（序章で紹介した）両手のマッサージが手順どおりに終わったことを告げているように聞こえる（会話だったら，「終わりですね」と終わりを告げるのではなく，「終わりましょう」と終わりの提案をするだろう）．このように，やはり，数十分の相互行為は，湯の提供とマッサージの活動として，総括されている．
　つまり，ボランティアも利用者も，足湯活動は，基本的にまずは湯の提供とマッサージがなされるべき場とみなしている．マッサージのほうが基底的な活動だと言えるのは，こういうしだいからである．（第2章で示されるように，会話の進行に合わせてマッサージの進行が調整されるときも，マッサージのための姿勢が崩れることは，ほとんどない．つまり，マッサージは，現在の活動の「土台」をなすものとして維持されている．）

マッサージの手順にかかわる発話

　それでも，足湯活動において多くの会話がなされる．しばしばマッサージと会話は，相容れないものとして現われる．本章と次章では，このような局面において，マッサージと会話という二つの活動が，どのように調整されるのかを，検討しよう．
　ボランティアは，しばしば，「手, いいですか」と言うように，会話の合間に，マッサージの手順にかかわる発言を行なう．これが発言である以上，特定の話

題(避難のときの様子であれ,前日の野球であれ)についての会話と,文字通り(まったく)同時に行なうことはできない．例えば,次の事例 (3) では,この発言のために,話題についての会話が中断される．この事例の直前では,利用者は,自分の犬を預かってくれている人が,以前身を寄せていた避難所にわざわざ,犬の写真をもって,遠くから訪ねてきてくれたということを述べていた．ボランティアは,7行目で,利用者の,この一連の発言を,「あ そう::::」と受け止めている．そのあと,「で」とそのまま続けて何かを言おうとするが,それを自分でさえぎって,利用者の手を裏返す．

(3)
1　　利用者:　　よく訪ね↓て来たと
2　　　　　　　　お↑もっ て[::
3　　ボラン:　　　　　　　[へえ:: : :[:↑:::　　][.hh
4　　利用者:　　　　　　　　　　　[まあ ま-][役場で↑調べたん
5　　　　　　　　↓で↓↓しょ
6　　　　　　　　(.)
7　　ボラン:→　あ そう::::　で k- じゃあ 手 いいです↑か:
8　　　　　　　　↓°こっち (ん-)°
9　　　　　　　　(.)
10　　利用者:　　°気持ちい↓い°
11　　ボラン:　　あの::-(0.2) がい- 外↑人の方があず↓かって↓↓くれ
12　　　　　　　　てん↑の?

7〜8行目で,「じゃあ 手 いいです↑か: ↓°こっち (n-)°」という,マッサージ手順にかかわる発言は,自分の,直前までの発言を中断して行なわれている．これは,マッサージ手順にかかわる発言が,会話の中断をとおしてなされる,最も極端な例の一つである．この事例には,またあとで立ち返りたい．
　一方,会話を中断するのではなく,会話が途切れたところで,マッサージ手順にかかわる発言を行なうこともある．次の事例 (4) は,そのような例である．

(4)
1　利用者：　　　知ってる選手いなかっ'し <い[な:い>
2　ボラン：　　　　　　　　　　　　　[#あ*-#
3　ボラン：　　　ああ:::::: haha[hhhhhh
4　利用者：　　　　　　　　　　[やっぱ-
5　利用者：　　　やっぱ[りだめ(h)だね?
6　ボラン：　　　　　　[.hhh
7　ボラン：　　　ああ:::↓::: そうです↓か:: ん::::ん
8　　　　　　　　(3.2)
9　ボラン：→　じゃあ こっち裏がえしま:::::↓す
10　　　　　　　　(10.2)
11　ボラン：　　　°なんか° すごい なんか 小さい手ですね

　この事例で利用者は，前日に観た野球の試合について話している．5行目でやや否定的な評価を行なったのを，ボランティアは，7行目で受け止める．そのあと，3.2秒の切れ目が生じる．ボランティアが，マッサージの手順に言及するのは，このように話題が途切れたあとの空隙のなかにおいてである（9行目）．しばらく，マッサージだけが行なわれたあと，11行目で，ボランティアは，（利用者の手に触れながら，いま気づいたことに言及して）新たな話題を導入する．

　この章をまとめるために，手元のデータから，マッサージ手順に（なんらかの形で）言及した発話を，とりあえず30例集めた．じつは，そもそもこのような（マッサージ手順にかかわる）発話は決して多くない．ほとんどこのような発話を行なわないままマッサージを進めるボランティアもいる．また，集めた発話のほとんどは，事例（4）のように，会話の切れ目に滑り込まされている．つまり，基本的に，マッサージ手順にかかわる発話は，会話の進行を妨げないような形でなされているように見える．もう一つ，似た事例を引用しておきたい．

(5)
1　ボラン：　　　ああ もう じょ(h)うれ(h)んさ(h)ん
2　　　　　　　な(h)ん [で(h)す(h) ↓ね(h[h)
3　利用者：　　　　　　 [hhhhhhhhhhh　[.hh[hh
4　ボラン：　　　　　　　　　　　　　　　　[よかった

```
 5         → で↓す:(h):=じぁ'.h 左手[から::  は:::い
 6 利用者:                      [はい
 7            (.)
 8 ボラン:   ありが↓とう ご↑ざいま::↓す
```

1〜2行目にかけてのボランティアの発言は，この利用者が，足湯の「常連」であることに言及している．4〜5行目で，そのことを「よかった」と評価したあと，ただちに，マッサージ手順に言及している．ここには，事例（4）のような会話の切れ目は，ない．しかし，その手順への言及は，あくまでも自分の発言の区切りが来たところで産出されている．それは，4〜5行目の「よかったです」の「す」で，発話の区切りがある，というだけではない．最後に評価を行なうことで，「常連である」という話題そのものの区切りとも聞くことのできる位置で，その手順への言及は産出される．そのかぎりで，会話の進行はいささかも妨げられていない．

しかしながら，会話の進行が妨げられているように見える事例もある．以下，このような事例を検討していこう．

割り込み

マッサージ手順にかかわる発話が，利用者の発言に割り込むこともある．次の事例（6）がその例である．

```
(6)
 1 利用者:  一波はな: 一波は だいたい六メートル: #:#-
 2          [ 六 メ ー ト ル の ]
 3 ボラン: → [>°°手のマッサージ しま]↓す:°°<
 4 利用者:  海岸にほ- °それよりちょっと上↓だ↑な?°
 5 ボラン:  °ん::ん°
 6 利用者:  ちょ- あの 防波堤あんのな?(0.2) そこにまあ（でっぱり）
 7          きちゃったな h
```

利用者は，ある海岸に来た津波のことを話している．第三波によりその界隈

が大きな打撃を受けたということを述べるなかで，1〜2行目では，第一波のことに言及している．この利用者の発話と重なりながら，ボランティアは，マッサージ手順に言及する（3行目）．1行目の「六メートル: #:#-」のあとは，いま音声を聞きなおしても，発話の区切りに来ているように聞こえない．また，4行目で利用者は，「海岸に」と言ったあと，左手を頭上にかざし，あたかも防波堤を描くようなしぐさを行なう．6行目に一部よく聞き取れない箇所があるものの，全体としておそらく，第一波は6メートルの防波堤に阻まれたということを語っているように思う．とすると，3行目のボランティアの発言は，1行目からの利用者の発言にそのまま侵入しているように見える．

ただし，この3行目の発話は，二つの方向で特徴的である．第一に，この発話は，利用者の発言に侵入的であっても，それでも影響ができるだけ小さいように作られている．すなわち，音声が小さく，速度も速い．ボランティアと利用者の発言を比べるとき，音量においても，また，時間的な長さ（その結果，利用者の発言のほうがその後続いているという点）においても，利用者の発言のほうが主要であり，ボランティアの発言のほうが副次的であるように見える．

さらに，ボランティアは，3行目でマッサージ手順に言及しようとするとき，手元に視線を落とすが，その発言の終わり部分では，利用者の顔をはっきりと見る．そして，4行目の利用者の発言の区切りにおいて，5行目でそれを受け止めるとき（「ºん::んº」），その音量は大きくないもののはっきりとうなずく．このようにボランティアは，利用者の発言をしっかり聞いていることを，身体のうえに表現している．いわば，マッサージ手順への言及によって，会話への参加（利用者の話を聴く姿勢）が損なわれるものでないことを，明確にしているように見える．

このように，マッサージ手順への言及は，あくまでも副次的なものとして構成されている．一方，第二に，副次的なものとして構成されているにしても，それでも，その発話の構成において，「侵入」「割り込み」の事実について，なんの処置もなされていない．例えば，普通の会話だったらば，割り込まなければならない事情が生じたとき，「あっ」と，なにか緊急事態が発生したことを示す，あるいは，「ちょっとすみません」と，自分が侵犯的であることについて謝る，というような処置がなされることが多い（とりあえず，サックスらの「発言順

番の交替」にかんする古典的な論文［とくに，訳書 97～98 ページ］を参照）．それに対して，事例 (6) では，少なくとも，ボランティアの「割り込み」が不当なことであるとは，いずれの会話者によっても捉えられていない．

　つまり，次のように言えるだろう．会話が主要な活動として（参加者たち自身により）捉えられているとしても，マッサージ手順は，（必要ならば）いつでも言及できるものとして捉えられている，と．言い換えれば，マッサージは，副次的な活動でありながらも，この相互行為の機会全体の，いわば「基底」となっている，と（例えば，この発言がまったく別のものだったら，と想像してみるよい．いくら小声でも，相手の発言に割り込んで「お腹すきましたね」などと言うことは，おそらく正当ではない）．

中　断

　このような観点から，先の事例 (3) を振り返ってみよう．ボランティアのマッサージ手順にかかわる発言（7～8 行目）をもう一度引用しておこう．

```
(3)
7   ボラン: → あ そう::::  で k- じゃあ 手いいです↑か:
8                ↓°こっち (ん-)°
9                (.)
10  利用者:     °気持ちい↓い°
11  ボラン:     あの::- (0.2) がい- 外↑人の方があず↓かって↓↓くれ
12              てん↑の？
```

　7～8 行目のこの発言は，すでに示唆したように，巧妙に組み立てられている．もし，ボランティアが，「あ そう::::」という受け止めのあと，すぐにマッサージの手順に言及したならば，この事例は，事例 (5) とまったく同じとなっていただろう．この事例で重要なのは，この言及が，「で」（7 行目）のあとに産出されている点である．「で」は，発話の区切りではなく，むしろ，新たな発話の開始である．あえて，ここで，発話を中断し，マッサージ手順への言及を挿み込むことは，事例 (6) に即して検討したことを踏まえるならば，おおいに意味のあ

ることであるように思う.

まず,この「で」のゆえに,11〜12行目のボランティアの発言は,7行目で言いかけていたことの続きと聞くことができる.そのために,このマッサージ手順への言及に始まるやりとり(7行目の「じゃあ 手いいですか」から,10行目の「気持ちいい」,すなわち,マッサージへの反応まで)は,進行中の会話のなかに挿入された「副次的な」やりとりとなる.

次の事例では,この「挿入的な」性質が,もっとわかりやすいかもしれない.次の事例(7)に先立って,利用者は,自分の親戚が,東北の沿岸部に住んでいたと述べ,それを聞いたボランティアが,こんどは,同じ地域に自分の友だちも住んでいたことを語っていた.1行目は,津波の被害に言及している.

(7)
1　利用者：　　↑みんな 被った ↑↑って
2　ボラン：　　<だから>　そ[::::::う
3　利用者：　　　　　　　　　[ん::::↑::ん
4　ボラン：→　わたしの友だちも:　はい　おわ[り　で:::　[↓す::
5　利用者：→　　　　　　　　　　　　　　　　　[はい　　[ありがとう
6　　　　　　　ござい (°°ます°°)
7　ボラン：　　わたしの友だちも: 家も: ↓もう学校も なにも ↑ない
8　　　　　　　っ↓て

ボランティアは,4行目で,「私の友だちも:」と言いかけたところで,マッサージの終了を宣言する.4行目の終了宣言(「はい 終わりです」)と,それを受けての5〜6行目の謝意の表明は,一つのまとまったやりとりを構成している.このやりとりが終わったところで,ボランティアは,4行目の「わたしの友だちも」を,その音調を含め,そのまま繰り返して,中断された発言の続きを行なう(7行目).このように,発話途中での中断と,マッサージ手順にかかわるやりとり後の(その中断された発話の)再開は,マッサージ手順のやりとりの「挿入的な」すなわち「副次的な」性質を,非常に際立たせることになる.

それと同時に,このような突然の(すなわち,なんの言い訳等をともなわない)中断は,マッサージが一貫して,足湯活動全体を支配するものであることを,

本人たちにも，また私たち分析者たちにも，思い起こさせてくれる（もっとも，この「突然の」中断も，闇雲になされているわけではない．中断直前の語尾「も:」の音調は，発話がまだ続くことをあえて主張するような形になっている．この「あえて」という特徴によって，一つの弱い区切りにもなっている．すなわち，そこには聞き手に最低限の反応の機会が用意されている．西阪が「反応機会場」にかんする論文で示したように，この機会を利用して，「副次的な」やりとりが開始されることは，じつは，しばしば観察できる）．

遮断——一つの特殊事例

私の手元の断片のなかで，マッサージ手順にかかわる発言が，進行中の会話に対して，最も侵犯的である事例を最後に検討したい．次の事例 (8) は，事例 (6) の少し前のやりとりである．1行目の「さんがい［三階］」は，津波（第三波）が越えた建物の高さのことである．

```
(8)
1   利用者：    <さん↓がい:.>
2   ボラン：    <¥ちょっと:>  か(h)んが(h)え ら(h)れ(h)
3                [な(h)い で(h)すね(h).h は(h)↓い
4   利用者：      [ahhahahahahhhh
5   利用者：    ¥か::んがえ  [られな-¥
6   ボラン：→              [熱く ないですか? (.) お↓湯[:
7   利用者：                                        [あ:つくねえ
8   ボラン：    だい丈↓夫 です↑か[:?
9   利用者：                    [だ い [丈夫 ↓す ]::
10  ボラン：                          [じ ゃ ]こんど
11  ボラン：    こっちの手 いきます↓ね:.hh  <(わか↓ん)↑そ:ん↓な:>
12            (0.4)
```

利用者が，津波の第三波がビルの3階を越えたと言うのを受けて，ボランティアは，2行目で，笑いながら「考えられない」と驚きを表出している．ボランティアの，笑いながらの発話に同調するように，利用者は，4行目ではっきりと

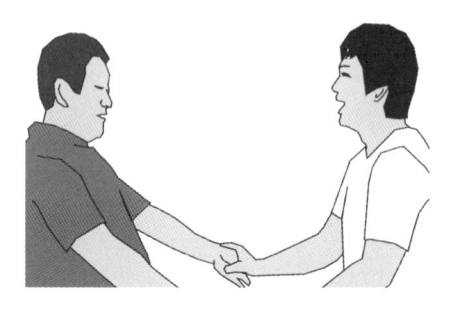

図2 事例(8)の2~3行目でボランティアが笑いながら「か(h)んが(h)え ら(h)れ(h) な(h)いで(h)す ね(h)」と言い切った（最後の「ね」が発せられた）ところの画像をトレースしたもの．利用者は，一瞬，足元を見やる．ボランティアには，その様子が見えている．

笑っている．そのあと，利用者は，ボランティアの「考えられない」を笑い声で繰り返そうとするが(5行目)，その途中で，ボランティアは，湯加減を問う質問を行なう(6行目)．

このボランティアの質問は，利用者が5行目で「か::んがえ」と，音に強勢をつけながら，十分引き伸ばして言いかけたところで，すなわち，利用者がはっきりと発言を開始したあとに，行なわれる．その意味で，利用者の発言に割り込んでいるように聞こえる．

それだけではない．事例(6)の場合と異なり，音量は小さくなっていないし，速度も速くなっているわけではない．さらに，事例(8)の6行目が特徴的なのは，この発言がはっきりと質問の形をとっていることである．つまり，相手にはっきりと返答を求める形に，すなわち，単に聞き流すことのできない形になっている．

さらに，利用者は，5行目で始めた発言を，途中で放棄してしまっている．どうして，このようなことが起きてしまったのか．じつは，これには特殊な事情がある．そのことを，まずは，確認しておきたい．

2行目の末尾まで，両者は，互いに見合うような形で会話していた．しかし，4行目で，利用者は，笑いながら，視線を右横に逸らせ，すばやく足元もしくは湯のほうを見る（図2）．利用者が足元を見やるのは一瞬だが，それに合わせるように，ボランティアは，3行目の「はい」とともに，湯のほうに視線を落とす．ここで，ボランティアのほうは，利用者にも見える形で，湯のほうに注意を集中していく（図3も参照）．

さらに，3行目の「はい」とともにボランティアは，いままで手に取っていた

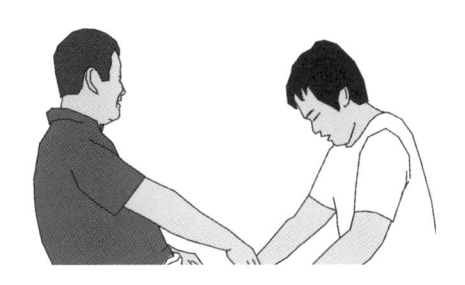

図3
事例 (8) の5行目で利用者が「¥か::んがえられな-¥」と言い始めた（最初の「か」が発せられた）ところの画像をトレースしたもの．ボランティアは，しっかりと足元の湯のほうを見ている．この時点で，ボランティアは，利用者の左手を離しているのがわかる．利用者は，左側を見ており，ボランティアの顔を見ていない．また，利用者は，右手をボランティアのほうに差し出している．

利用者の左手を，利用者の膝に置く．視線を落とし始めるのは，ちょうど，手を離したところである．そのまま，ボランティアは，（両手を含めた）上体全体を湯の上にかがめ，湯をしっかりと見つめながら，6行目の問いを発している．

このように見るならば，3行目の「はい」の二重の位置づけに気づくだろう．一方で，この「はい」は，これまでの会話を受け止めるとともに，他方で，「次の段階」への移行をしるすものとなっている（教室で教員が話題を，次の話題に移動しようとするとき，「はい」と言うのを思い出そう）．この「はい」は，いわば，二つの活動（津波にかんする会話と湯加減の調整）のあいだの蝶番のような役目を果たしている．

ボランティアの側にしてみれば，6行目の湯加減についての質問を行なうとき，このように十分，自分が湯へと注意を向けていることは，利用者にも見えているはずである．そのため，ボランティアにとって，5行目の利用者の発話は，あくまでも，自分（ボランティア）の驚きの表明の同調的な繰り返し以上のものとしては，聞けなかったかもしれない．つまり，それは，新たな情報を付け加えるわけでもなく，あくまでも，終わりかけている話題を最終的に終わらせているだけ，と聞けたかもしれない．

この点は，9行目の利用者の発話（「大丈夫す」）と比較してみるとわかりやすいだろう．この9行目の発話は，8行目のボランティアによる再確認の試み（「大丈夫ですか」）に答えて，再確認を与えている．それは，8行目の発話の主要部分（「大丈夫です」）を繰り返すのみである．この再確認のための繰り返しは，6行目から始まる湯加減にかんするやりとりを，最終的に終わらせるためだけのものと言えるだろう．実際，この9行目の発話が繰り返しだとわかる最も早

い時点で，この発話に重なりながら，ボランティアは次の発話（右手マッサージの開始宣言という次の行為を担う発話）を始める（「じゃ」10行目）．

しかしながら，じつは，利用者のほうは，4行目の笑いの末尾で，一瞬湯のほうを見やったあと，すぐに左横を向く（図3）．つまり，ボランティアの上体全体が，湯に向けられていることは，利用者には見えていない．実際，利用者は，ボランティアにより左手を膝に戻されたあと，ボランティアの両手はすでに湯のほうに降りているにもかかわらず，横を向いたまま，右手をボランティアに差し出す（図3）．その差し出した手をしばらく宙に浮かしているところで，利用者に聞こえたのが，6行目の質問である．利用者は，すでに開始していた発話を中途で切り上げ，急いで，湯に視線を落とす．

このように見るならば，利用者とボランティアのあいだに，いま何が起きているか（相手が何を見ているか，相手が何をしようとしているか，等）の把握について齟齬の生じていたことがわかるだろう．6行目のボランティアの質問による，5行目の利用者の発言の遮断は，いわば，このような齟齬のもたらした「事故」とも言えるだろう．

ところで，序章でも述べたように，左手のマッサージが終わったあと，湯加減の調整を行なってから，右手のマッサージに移るというのは，とくに，このボランティアのような「熟練者」にとって，守るべき手順である．もちろん，湯加減の調整が必要なのは，時間の経過とともに湯が冷めるからにほかならない．しかし，ボランティアは，「熱くないか」と問うている．これは，おそらく言い間違いだろう．まったくの非分析的な直観でしかないが，この質問を会話の微妙な位置に滑り込ませていることと，この言い間違いとのあいだに，なんらかの関係もあるように感じる．つまり，湯を差さなければならないかもしれないのに，その機会がなかなかない．やっとどうにかその機会を見出したところで，あわわてて言い間違えた，というような憶測がありえよう．

反応的であること

じつは，この事例でほんとうに興味深いのは，この「事故」の処理である．湯加減にかんする問いと答えのやりとりは，6行目と7行目，および8行目と9行目と二重に行なわれ，続いて，10〜11行目で右手のマッサージの開始宣言が

なされる．そのあと，ボランティアは，吸気音で一区切り入れると，（やや聞き取りにくいものの）そのままに驚きの反応（であることが明確にわかる反応）を行なう（「<(わか↓ん)↑そ:ん↓な:>」11行目）．この驚きの反応は，6行目の湯加減の質問に先立って利用者の語っていたこと，すなわち，「三階」の建物も津波を被ったという報告に対するものと，聞くことができよう．

　この反応には，少なくとも二つの意味がある．第一に，津波の話題にかんするやりとりは，すでに区切りに来たとも捉えられる状態にあった．しかし，この反応は，この元のやりとりを再開している．そのことで，湯加減にかんするやりとり（および右手のマッサージの開始宣言）を，挿入的な，したがって「副次的な」ものと位置づけている．

　第二に，この反応は，まさに「反応」以外に使うことのできない表現を用いている．（ゆっくりと発せられ音調に起伏もある）「そんな」という反応は，指示表現である「その」を含む（「そんな」は「そのような」の派生体と私たちは聞く）．つまり，この反応は，その「その」が指している何かを，その直前に持たなければ，意味をなさないような，そういう表現である．だから，この表現から，新たなやりとりを開始することはできない．この表現は，報告であれ質問であれ，なんらかの発言が先立ってなされたところで，あくまでもそれに対する反応としてしか，用いえない．このような「反応」によって元のやりとりが再開されるとき，その元のやりとりと，この再開とは，非常に強固に接ぎ合わされる．そのあいだに挿入された，湯とマッサージにかんするやりとりの「副次的な」性質は，その分だけ強いものとなるだろう．

　このような再開のやり方は，おそらく，まさに事故処理と呼ぶのにふさわしい．結果として，強い割り込みになってしまったのが事故であるならば，ボランティアは，11行目で，そのやりとりの「割り込み的」性質を，できるだけ強いやり方で和らげようとしているように思える．

まとめ

　足湯活動の相互行為の構造は，次のようにまとめられよう．会話はそれがなされているかぎり「主要な活動」として維持されるが，一方，マッサージ（および湯の提供）はつねに「基底的活動」として維持されている．足湯活動は，この

ような「複合活動」という構造を持っている．

　構造上のこの複雑性（複合性）は，じつは，足湯活動の参加者たちの会話参加の負荷を下げるのに役立っているように見える．つまり，足湯活動において，例えば，会話が途切れても，「基底的活動」であるマッサージが続いているかぎり，足湯活動における相互行為そのものが途切れることはない．普通の言い方をすれば，長い沈黙があっても，マッサージが行なわれているかぎり，さほど気まずい雰囲気が生じるようには見えない．

　会話だけがなされるような場面では，会話の途切れは端的に相互行為の途切れになるから，いつも次の話題を探さなければならないだろう．このような（話題探しの）負荷が，足湯参加者にとっては，著しく軽減されるように思う．

　それだけではない．第4章でも触れるように，初対面の会話者たちは，しばしば共通の話題を見つけるのが難しい．そのなかで，いまこの場で両者に見えるもの・聞こえるものは，話題のための重要な素材となりうる．一つの話題にかんするやりとりが途絶えたあと，手のマッサージにしばらく集中するなかで，例えば，事例（4）の11行目で実際に起きたように，利用者のその手（ボランティアが手にとって見つめているその手）が，話題（の候補）となることもあるだろう．

　以上のように，足湯活動の場合，その相互行為上の構造のゆえに，満足度の高いコミュニケーションの達成が容易になっていることも，推測できる．おそらく，だからこそ，阪神淡路大震災から中越地震をへて，東日本大震災にさいしても，多くの避難所で，ボランティア活動の重要なジャンルの一つとして，ここまで広まってきたのかもしれない．

　序章でも述べたように，ボランティアたちは，避難所および仮設住宅の住民が不思議といろいろな話をしてくれると言う．ビデオを見ているかぎりでは，若いボランティアたちも，不思議といろいろな話をしている．その不思議の（すべてではないにしても，少なくとも）一つの側面は，この「複合活動」という構造にあるように思える．

（西阪仰）

第2章 マッサージの手順が違反されるとき

マッサージはどのような順序で行なうべきなのかということは、あらかじめ決められている。あらかじめ決められたこのマッサージの手順は、違反されることがある。これにより、会話は「主要な」活動として維持される。

並行する活動と2種類のインストラクション

第1章で述べたように、足湯活動は基本的に二つのことが並行してなされている。会話が進行する一方で、同時にマッサージが進行しているのだ。図1は、足湯活動の録画から作成したものだ。左側にいるのがボランティアであり、右側にいるのが利用者である。図1のような体勢をとった場合、上体と上体が向き合う状態になり、またボランティアはほとんど常に利用者の体に触れているということに注目したい。この点に留意しつつ、本章でも「足湯」活動がどのように「会話」と「マッサージ」の二つの活動を同時に行なうことを可能にしているのか分析していく。

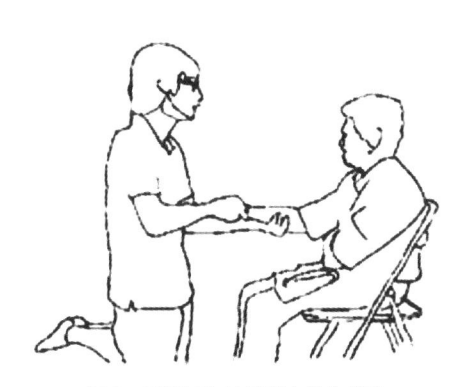

図1　足湯における基本的な体勢

第 1 章では，この二つの活動について，「会話はそれがなされているかぎり『主要な活動』として維持されるが，一方，マッサージ（および湯の提供）はつねに『基底的な活動』として維持されている」という分析がなされた．いわば，「基底的な活動としてのマッサージ」という側面に着眼した分析だ．本章では，ボランティアがマッサージの「基底性」への志向を維持しつつ，「会話」（より正確に言えば利用者の発話をきくこと）を主要な活動として維持する，一つの方法を分析する．

　序章で言及した，足湯活動の「インストラクション」を振り返っておきたい．初めて足湯を行なう者は，足湯の前に，二種類のインストラクションを受ける．一つは「マッサージ」についてのインストラクションであり，もう一つは「会話」についてのものである．

　マッサージについてのインストラクションとは，手揉みの順序や，足湯の活動時間における適切な「長さ」についてのものだ．本章にとって重要なものは，(1)手の次に腕を揉むこと，(2)左側をまず先に揉み，次に右側を揉むこと，(3)両手を揉んだら終了する，の三点である．また長さについては，時間にして，15 分から 20 分が適切である，ということを想起しておきたい．この点についてはインストラクションにしたがって行なえば「大体 15 分くらいになる」とも言われる．終了の際には，足を軽く洗ってタオルで拭く，お湯を片付けるなどの作業を行なう．この作業を本章では終了作業と呼ぶ．

　会話については，「利用者のみなさんに被災，避難にかんすることについての質問はしない」というインストラクションがなされる．これは，「つらい経験をわざわざこちらから聞いて思い出させない」という理念のもとなされている．にもかかわらず利用者が避難経験について語りだすようであれば，その「お話を聴く」こと，このことが指示される．

　そもそも，マッサージにかんするインストラクションと，会話にかんするインストラクションが，別々のものとして指示されるということは，二つの活動が同時進行していることを示唆している．つまり足湯活動においては，二つの別様のインストラクションによって枠づけられた活動が同時進行しているのである．とりわけ，マッサージにかんするインストラクションは，足湯活動の全体構造にかんする指示をも含む．つまりマッサージのインストラクションは，

第 2 章 マッサージの手順が違反されるとき　　　　31

どのようにして足湯活動は開始され，どのように終了するべきか，何が最初にあるべきで，何が最後にあるべきか，全体で何分ぐらであるべきか，など，いずれも全体構造にかかわる指示を含んでいる．次節では，まず，ボランティアがマッサージのインストラクションに対し，それを守ろうとする強い規範的志向を持つことを示す．そのあと，ボランティアが，マッサージの「規範」にあえて違反する場合を検討する．本章のねらいは，相互行為を詳細に見ることで，この違反が合理的配慮のもとになされる「違反」であると示すことにある．具体的に見てゆく現象は，手揉みの順序を逆行する，という現象である．なお，本章の書き起こしには，発話だけでなく身体の動きも書き加えられている．この点，他の章に比べて若干見苦しいと感じられるかもしれないが，ご了承いただければ，と思う．

マッサージのインストラクションに対する規範的志向

　二つのインストラクションは両者とも，足湯活動が行なわれるなかで，ボランティアが常に参照することができる「規範」として考えることが可能である．前節で述べたように，とりわけマッサージのインストラクションには，活動の全体構造にかかわる指示が含まれている．

　例えば次の事例(1)では，マッサージのインストラクションにボランティアが規範的に志向していることがわかる．マッサージは左腕を終え，右手を揉んでいるところである．1 行目で突然，ボランティアは「あh こっちの 手 も >や ちょっと< ¥やるの 忘れてました.¥」と言いながら，左手を揉み始める．つまり，手揉みの順序の「逆行」が起こる．

(1)
1　ボラン：　→　あh こっちの 手 も >や ちょっと< ¥やるの 忘れてました.¥

　　　　　　　　　| 右手から左手に逆行 |

2　利用者：　　す(h)いません
3　ボラン：　　すいません．
4　利用者：　　は:::い

この手順の逆行は，ボランティアが「忘れてました」と言うとおり，決められた手順の一つをうっかり省略してしまったため，行なわれている．3行目では，ボランティアはさらに「すいません」といい，手順を省略してしまったことを謝罪している．謝罪することで，自分が行なうべきだった手順を省略したことを「違反」として，その責任を認めている．この点から，マッサージに与えられた手揉みの順序にかんする規範に，ボランティアがはっきりと志向していることが見て取れるだろう．

あえて違反すること

　しかし，順序が逆行する，という現象から言えるのはこれだけではない．マッサージの順序を強い規範としつつも，ボランティアが「あえて」順序を逆行する，ということができるような場合がありうる．つまり，マッサージのインストラクションによって与えられた「順序についての規範」をあえて違反するような場合である．もちろん，データを見る限り，マッサージについての規範が違反される現象はほかにもさまざまなものが観察された．例えば，インストラクションにない場所を揉むことや，揉む手をいったん止めることなどである．順序を逆行する，という現象は，そのうちの一つにすぎないが，最も際立ったものでもある．

　マッサージの規範的順序の逆行は，基本的には足湯活動のどこでも起こりうる．ここでは，わかりやすい例として，右腕から右手に逆行する例と左腕から左手に逆行する例を，いくつか選んだ．この二組の例は，まずは次のように区別できる．右腕から右手に逆行する場合は足湯の終了作業の開始の遅延を意味する．すなわち，足湯活動においては，左から右へ，手から腕へという順序がインストラクションにより決められており，右腕のマッサージは，マッサージ活動の最終局面に位置するからだ．一方，左腕から左手への逆行は右側への移行の遅延となる．つまり，左腕のマッサージは，左側のマッサージの最終局面に位置するからだ．また，マッサージ活動の終了は，足湯活動全体の終わりを意味する（規範的に）ことも思い出しておこう．

終了の遅延

　まず，足湯活動が終了に近づいた位置での手揉みの順序の逆行を見てみよう．終了に近づいた位置，と言えるのは，前節で述べたように，右腕を揉んでいるということによる．すなわち，最後にマッサージするべき部位である右腕のマッサージが終われば，この後，足湯活動の終了作業が開始（ボランティアが足をタオルで拭く，お湯を片付けるなど）される．

　データを見ていくと，右腕のマッサージの途中で，利用者が新たな話題を開始したために，右腕から右手への逆行，すなわち順序についての規範の「違反」が観察できる．例えば，事例（2）の10行目がそのような例である．

　事例(2)の直前の会話で，利用者は，自身が住む借り上げ住宅での生活において，近隣の住民との交流がないことを語っていた．まず，4行目から7行目における利用者の「>だから<（1.0）まあ- この 仮設- でも なんでもそうだ けど:, まあ::い- 役場 の 対応っていうか」という発話と，それに続く9行目から11行目における身体の動きに注目しよう．

```
(2)
1   ボラン：　　やっぱり 今まで 住んでたとこ
2   　　　　　　と- と [ね:, いきなりかわっちゃうと
3   利用者：　　　　　 [んん::ん.
4   　(0.47)
5   利用者：　　>だから< (1.0) まあ- この 仮設- でも
6   　　　　　　なんでもそうだ けど:,
7   利用者：　　[まあ::い- 役場 の 対応っていうか
8   ボラン：　　[んん
9   　(2.8)
10  利用者：　　ch'((舌打ち))
11  　(0.92)
```

9–11行目に対する注記：利用者は，しかめつらをし，首を下に．ボランティアはその利用者の顔に視線を向けたまま

```
12  利用者:→  前- 神戸::: とか:(.) 新潟とか地震:[(.) あったわね:,
                └─────────────┘  揉む手を右腕から右手に戻す

13  ボラン:                                    [はい,
14           (0.53)

15  利用者:→  すっと::,(0.8) と-隣ん ひとが
                       └────┘  利用者の右手を離し,
                               終了作業を開始

16           まあ 同じ: m-村 [でも 街 でも .hh
17  ボラン:                  [んん,
18  ボラン:  んん
19  利用者:  知ってる 人 と 知らない 人 居るわけだ.
20           (0.28)
21  ボラン:  は:い,そうですね:,
```

7行目末尾の,利用者の「っていうか」は,まだ発言を言い終えておらず,発話の続きがあると理解できる.ボランティアもそのように受け止めており,9行目から11行目でなにも応答せず,黙って利用者の腕をマッサージしている.つまり,この9行目から11行目の沈黙の間,ボランティアは,7行目に続く利用者の発話を待っていると考えられる.

またこのことは,利用者の表情と顔の向きからも言うことができる.9行目から11行目の沈黙の間,利用者はしかめつらをして,首を下に傾け,舌打ちをした.このようなそぶりからも,利用者が考え込みながら自分の発話の続きの言葉を探していると,ボランティアは予測することができるだろう.そのような利用者の顔をボランティアはじっと見ており,利用者が言いかけた発話(4,5行目)を「聞き」続けるという姿勢をとっているのである.

続いて利用者は,12行目で,「前,神戸とか」と発話を開始する.これは少なくとも,直前の7行目の利用者の発話「役場の対応っていうか」と直接つながる内容ではない.また,「前,神戸とか」という発話は,5行目で利用者が言いかけた現在利用者が居る仮設住宅(いま,ここ)からは時間的・場所的に隔たった事柄についての発話であり,たとえこのあと現在利用者がいる仮設住宅につい

ての発話が期待されるとしても，それが語られるのは12行目の発話の後であると，ボランティアには理解できる．したがって，ここで直前に始められた発話が完了すると聞くことはできない．そればかりか，しきりなおして，新たな発話が開始されようとしているように，ボランティアには理解できるだろう．言い換えれば，完了していないだけでなく，これからもしばらく続くものと理解できるのである．そこでボランティアはこの時，「神戸」が発せられた直後に，揉む場所を，腕から手に戻す．そして，「新潟とか地震あったわね」と利用者が発話している間，一度揉んだ手をもう一度揉むのである．

15行目以降も利用者の語りは「すっと::,(0.8)隣ん ひとが まあ 同じ: m-村 でも 街 でも」と続き，ボランティアはこの語りを右手をマッサージしながら聞く．ボランティアは利用者の「同じ: m-村 でも」という発話の「でも」が発せられると同時に，「んん」と応答しながら利用者の右手を離す．そのまま，利用者の手を利用者の膝に置き，自分の手を放し，足湯の終了を宣言することなく終了のための作業（足を拭く，など）を開始している．そして終了作業を行ないながら利用者の発話に応答している（17, 18, 21行目）．

重要なのは，12行目で順序を逆行させたことによって，会話活動を足湯活動の内側におさめるための余裕を確保できたこと，つまり，手を揉みながら話を聞く時間を拡張できたことである．

手順の逆行による終了開始の遅延は，決して偶然的ではなく，利用者の語りが続くときにボランティアが行なう組織だった振る舞い（プラクティス）であるように思う．もう一つ，手順の逆行によって終了開始が遅延される例を検討しよう．次の事例(3)においても，ボランティアはマッサージの最後の手順である右腕のマッサージを行なっている．加えて，すでに20分以上が経過しており，これはインストラクションによれば終了作業を開始することが適切な時間帯にある．ところでこの事例では，事例(2)のように，ボランティアが，利用者の発言の途中で足湯の終了作業を開始することはしない．

じつはこの事例では，1行目までのやりとりですでに一度右腕から右手に逆行しており，28行目の逆行は二度目なのである．つまりボランティアは，右手と右腕を行ったり来たりしながら，適切に終了作業を開始できるようなタイミングを探しているかのように見える．ここでは，28行目の逆行に焦点を絞る．

(3)
1   利用者: ほんで:(0.4) ぎじつ:::: 身に つけ↓る つんで:: sh- あん か::::: .h
2   あれしろっつって 消防隊 いった.
3   (.)((ボランティアうなずく))
4   ボラン: は:::
5   利用者: 大変だよ:'って｡いって｡がんばんねっか↑しゃんめ
6   [えよ おめ::: ってなあ(　　)
7   ボラン: [そお'す ねえ::::: 消防隊なら::
8   利用者: >だがら<消防隊 入った
9   (0.2)((ボランティアが小さくうなずく))
10 ボラン: あ::::::
11 利用者: ｡うん｡((うなずく))
12   (0.4)
13 ボラン: .hh ｡い｡や:::::｡ま｡自↑分も:: (.) >↓あの< (.)↑公務員 (.)
14   ↓あの(..) [↑け- 警↑察官
15 利用者: [こうむ-
16   (.)
17 利用者: >うん< [そして
18 ボラン: [で ↓あの(.)↑災害救助隊 めざしてるんで
19 利用者: うんうん
20 ボラン: ch'と ま: (0.4)[頑張ろうかな::と↓おも-(て)
21 利用者: [あ そう(なの)
22 ボラン: [[はい> 今 そ↑れの:(.) 専門学校に通っているんで::
23 利用者: [[は::::((大きくゆっくりうなずく))
24 利用者: 通って
25 ボラン: は:い.
26 利用者: あ::: 大変だね:::
                                      ┌─── もで右腕から右手に逆行
27   (0.2)
28 利用者: あら::: あたし も 孫 いあ-八人 ばかり いるん で
29   ね (おっきいのが) んで やっぱり (.) 岩手 も(0.4) あ::
30   先生 やって::(0.2) そって:: (2.0) 東京の だい- あれ::
31   大学の:::: 大学校 'をね 大学 で:: の
32   あ::: 高校 ####入った ん で よお

この事例の直前において，利用者は，自分の孫がつい最近消防隊に入隊したことを語っていた．5〜6行目で利用者は微笑みながら，「大変だよって がんばんねっかしゃんめえよおめ:::って」と自身がその孫に対してかつて言った言葉を引用している．ボランティアは13, 18, 20, 22行目をとおして，自身もまた災害救助隊を目指して「頑張ろうかな::」と思っていることを述べている（第9章の分析も参照のこと）．以下では，利用者が孫に向けて述べた「がんばる」という言葉を，ボランティアが20行目で自分のことを述べるのに，そのまま用いていることに注目しよう．ここでは，消防隊に入った利用者の孫と災害救助隊に入ろうとしている自分とが，「同様」のものとして併置されている．「がんばる」という同じ表現をそのまま使用することは，この「同様」であることを，際立たせるだろう．それと同時に，利用者の語り（とくに「がんばれ」と孫に語ったということ）の要点を自分がどう理解していたかも，提示できる．ボランティアが終了作業を開始するタイミングを探していた，という点を鑑みれば，利用者の語りの要点の理解を提示することで，ボランティアはここで現在のやりとりを収束させ，足湯の終了作業に入ろうとしているといえるかもしれない．

しかし，26行目で「あ::: 大変だね:::」と感想を述べ，0.2秒の沈黙をへた後，28行目で利用者は，「あら:::あたしも」とさらに語りを継続する．そして，それが発話された直後，ボランティアは，すぐさま右腕から右手に手を逆行させる．そのあと，ボランティアは，28行目から32行目の利用者の発話を，うなずきながら聞いている．ここでも，右腕から右手に順序が逆行することによって，終了作業の開始は遅延されているようにみえる．

ところでこの例においては，28~32行目の間に，事例(2)のような終了作業の開始はなされない．たとえ終了作業を開始することのできるタイミングを探していたとしてもボランティアは，28〜32行目の発話の間，終了作業の開始を遅延したまま，利用者の語る「孫」の話を聞いている．つまりこのボランティアは，終了に適切な時間が訪れていても，利用者の語りを「区切りのよいところまで」聞こうとしていると考えられるのである．

だが，このように終了作業の開始の仕方に違いはあれど，重要なのは，遅延が逆行によってなされるということである．ここまで検討した二つの事例から，ボランティアは，右腕から右手への逆行によって終了作業の開始を遅延してい

る可能性がある，ということを確認してきた．終了作業の開始が遅延されることによって，利用者の語りを足湯活動の内側に入れることが可能となる．ひいては，マッサージをしながら利用者の話を「区切りのよいところまで」聞くことが可能となるのである．

「移行を遅らせる」ことと「移行をいつでも可能にする」こと

　前節で見たのは，足湯活動全体の終了直前，つまり右腕を揉んでいたときの逆行だった．本節で検討する事例(4)では，左腕から左手に戻る現象を見る．順序よく行けば，左腕の次は右手に切り替わることになる．このタイミングは，左側が終わり，右側に移行するという，いわば「前半」が終了するタイミングである．このとき，一時的にマッサージが中断され，湯加減が尋ねられることがある．湯が冷めてしまっていたら「差し湯」をするためだ．

　このマッサージを区切るための作業は，利用者と取り交わす会話を中断することにもなりうる．左腕から右手に移行するときに，移行のための宣言を発話（「次右手やりますね」など）で行なうこともあるし，またそもそも移行のために右手を取る，ということ自体が，ある区切りがきたと利用者にも理解可能なのである．

　足湯の順序を移行すべきタイミングにおいて，利用者は自身の経験を語りだす場合がある．「できるだけお話を聴く」という，会話にかんするインストラクションがボランティアには与えられているので，区切るための作業によって利用者の語りが中断してしまうことは，できるだけ避けるべきであろう．もちろん，その一方で，ボランティアは，すでに何度か述べたように，マッサージにかんするインストラクションのゆえに，適切なタイミングにおいてマッサージを移行しなければならない．次の例で見るのは，まさにそのような例である．ボランティアは，マッサージする手を左腕から左手に逆行させる．

　すでに述べたように，左側の次には，「後半」たる右側がまだ残っている．なによりも，マッサージはまだ「終わらない」ということは利用者も理解していると推測できる．多くのボランティアは「まず左手から」と言いながら左手を取るが，「まず左手」と言うことによって「次に」右手が揉まれるという順序があることを示しているからだ．

第 2 章 マッサージの手順が違反されるとき　　　　　　　　39

　事例 (4) でターゲットになるのは，20 行目の順序の逆行である．抜き出した事例の冒頭，1 行目の時点では，ボランティアは左腕を揉んでいる．1 行目の時点で「左側」に対して行なう作業はすでに完了しており，また，時間も，充分に経過している．つまり，「右側」に移行してよいタイミングが訪れている．利用者とボランティアは利用者の震災当日の記憶を語ってきた．まず先にボランティアが当日，自分の通う学校で被災したことを語った．次いで利用者によって，当日は海辺でゴルフをしていたことが語られてきた．1～2 行目の利用者の発話は，利用者がゴルフをしていた場所の説明になっている．この発話は，いわば自分のこれまでの発言を総括するものと聞くことができる．実際，3 行目でボランティアがその発話を受け止めたあと，2.2 秒の沈黙がある．続く 5～7 行目のボランティアの発話は，利用者の語りに対するコメントになっている（そんな目にあいながらもいまは元気でなによりだ，と言おうとしていように見える）．この発話の過程で，ボランティアは，少しずつ揉んでいる手を手首のほうに下げてゆく．これらは，左腕を終了し，移行を開始しようとしているように見える．

(4a)
1　利用者：　パークゴルフってゆうやつ ある- うみ- うみ で
2　　　　　　でき ん ↓だ う み ん-'うみっぱたに あん'の.=
3　ボラン：　=↑ん:::ん
4　　　　　　(2.2)
5　ボラン：　じゃ'もお (1.0) そこ でも なお こう やっ↓て (0.6) て
　　　　　　┌──────┐少しずつ手が手首
　　　　　　│　　　　　　│へ下がっていく
6　　　　　　ええ げんき に::すごし(い)らっしゃ(h)
7　　　　　　る ¥っ↓て ゆう の ↓は:: [な- やっぱり ↓もう¥
8　利用者：　　　　　　　　　　　　　　　　[ん
9　　　　　　(0.6)
10　ボラン：　[(もう-) [(↓ん::↓ん)
11　利用者：　[(その) [↓ん:::ん
12　　　　　　(.)

13　利用者：　　その:かいわい はは:_ (0.4) ぜんめつ だ↑わな?
　　　　　　　　　　　　　　　　手揉みを止める
14　ボラン：　　(.hhh[hh)
　　　　　　　手を止めたまま7回うなずく
15　利用者：　　　　[ん ん::ん::↓ん
16　　　　　　　(1.2)
17　利用者：　　ぜ::んぶ 死ん'じゃった.(.) 家は　はあ- 家 は ない ↓sh'::
18　ボラン：　　↓ん::::::::ん_
19　　　　　　　(0.2)

　だが，利用者の語りは，1〜2行目で終わらなかった．13行目で利用者は，5〜7行目のボランティアのコメントを受け止めることすらなく，利用者がいた場所の悲惨な状況（「全滅」）を述べ続ける．それと同時に，ボランティアの手は利用者の手首を握ったまま，止まる．さらに14行目の呼気「.hhhhh」は，驚くべき内容が語られたことを受け止める溜息に聞こえる．手を止め，このように溜息を漏らしながら，ボランティアはゆっくりと七回（前後に小刻みなものも含めるとそれ以上である）うなずく．この間，ボランティアは利用者と目を合わせ，一切手元は見ていない．利用者は17行目で，悲惨な状況の描写をさらに続ける（「ぜ::んぶ 死ん'じゃった.(.) 家は　はあ- 家 は ない ↓sh'::」）．ここまでの利用者の語りは，会話にかんするインストラクション（「利用者が避難経験について話し出すことがあればそのお話を傾聴すること」）に従うかぎり，まさに「傾聴するべき」語りとして理解できる．つまり，ボランティアは，このとき，順序を移行しなければならない一方で，「傾聴するべき」話題が利用者から語られている，という状況に立っていると言えよう．

　さて，このようなある種のジレンマ状況を，ボランティアはどのように解決しているか．続きを見ていこう．続く20行目でボランティアは，5〜7行目のコメントで用いた発話形式「こうやって」を繰り返している．これは，利用者に応接されなかった5〜7行目の発話が繰り返されようとしていることを，明らかにしている．この発話と同時に，ボランティアの手は完全に左手首から左

手に戻る.

（4b）
20　ボラン:→　.h まあ で↓も こう やって:
　　　　　　┌─────────────────────────┐
　　　　　　│揉む手を左手首から左手に逆行させる│
　　　　　　└─────────────────────────┘
21　　　　　　　（.）
22　利用者:　だって: さん ＜がい の:＞
23　ボラン:　は[い:,
24　利用者:　　［うえ に- うえ がら なみ きたん'↓だ↓↓よ
25　　　　　　　（1.2）
26　利用者:　＜さ:ん ↓がい.＞

　「右側」への移行の場面において左手に逆行することには，二つの機能があるためにボランティアにとって非常に便利に働く．一つは，すでに述べたように，「右側への移行を遅らせる」ことである．もう一つは，同じところを繰り返し揉むことによる，「移行をいつでも可能にする」という機能である.

　第一に，ボランティアが「手への逆行」を行なうのは，20行目の自らの発話においてだった．この逆行により，利用者の語りに応答するため，一時的に「移行を遅らせている」ということができよう．利用者による悲惨な状況の語りに対する応答を，中断することなく，利用者に向けることで，会話への十全の関与を，利用者に対して示すことができるだろう．

　第二に，一度揉んだところをもう一度揉んでいるという意味で，マッサージはいつやめてもよいはずである．すでに述べたように，ボランティアは充分に左側を揉んでおり，右側への移行がなされるべきタイミングはすでに訪れている．できるだけ早く「後半」である右側に移行するためには，たとえ語りに焦点が向いていても，その移行がいつでもできるような環境を維持しておくことが重要かもしれない．

　以上，見てきたように，ボランティアは「左腕」から「右手」へ移行するタイミングにおいても，手揉みを逆行することで，「傾聴する」ことに十全な関与を維持している．それだけでなく，後半への移行をスムーズに行なうことがで

きる場所としても,「手」は利用可能である（実際に移行がいかになされたのかは,第1章をご覧いただきたいと思う).

相互視界を拡大するための逆行

　これまでの節では,一人の利用者と一人のボランティアによる二者のやりとりを見てきたが,最後に,足湯活動にさらにもう一人の参加者が加わった例を検討したい．そのことで,手順の「逆行」の別の側面を明らかにしようと思う．ここで登場する「看護師」は,避難所での生活支援のために遠方から訪れており,ボランティアと利用者二人の近くにあった椅子に腰かけ,やりとりに参加している.

　ここまでの会話で,利用者の出身地がYYであることが語られ,それに対し,看護師が二,三日前に訪れた被災地海岸沿いの町が偶然YYの近くであったことが語られた．下に切り出した事例の冒頭1行目から3行目で,看護師は「えぐりとられたって 感じ」と,見てきた被災地のすさまじさを語り,利用者もそれに「だよね::::」と同意している.

　ボランティアは,最後の作業である右腕のマッサージを行なっており,その次には終了作業が開始することが期待される．以下では,13行目で起きる右腕から右手への逆行が,ボランティア,利用者,看護師の間の三人の体の向きや視線に対してどのような意味をもつのかを分析する.

```
(5)
1    看護師:    あの::: なんか ね, えぐり とられた って 感じ.
2    利用者:    だよね::[::
3    看護師:          [(もおわ:::)
4               (1.2)
5    看護師:    [(だんだん)
6    利用者:    [もお あの 姿 が 見えないんだもん
7               昔のっての? (0.2) も[と の ね,
8    ボラン:                        [んん::,
9    利用者:    ん:::,
10              (1.5)
```

第2章　マッサージの手順が違反されるとき　　　　　　　　43

```
                    ┌─────利用者の視線は看護師へ─────┐
11  利用者：　海:: 海 あっとしたら すぐ 林- 林 あった
12           でしょ? [今まで (.) それ が ない ん だもんね? はあ.
13  看護師：       [んん んんん
14  ボラン：   [あ：：：
                              ┌──右腕から右手へ逆行──┐
15  看護師：  [はやし が ^ね? [ん::, (な    )
16  利用者：                  [ね::,　六号線 から=
17  利用者： =海 が 見える ん だもの:.
```

　利用者は，数日前にその地を訪れた看護師とは異なり，数ヵ月前までそこに住んでいた．1行目の看護師による被災地のすさまじさの報告に対し，利用者は「だよね::::」に続けて，6〜7行目で「もおあの姿が見えないんだもん昔のっての?」と応答する．「もう見えない」という発話の形式には，以前とは異なり，すでに失われてしまったという意味合いがある．看護師にとっての「えぐりとられたもの」は，利用者にとっての「見えなくなってしまったもの」と対比されている．

　そのように見たとき，10行目の1.5秒の沈黙に続く11行目と12行目の「海::海あっとしたら すぐ 林- 林あったでしょ? 今まで (.) それがないんだもんね? はあ.」は，「見えなくなってしまったもの」の実質をさらに語っていると理解することができる（末尾にある「はあ」は，福島県の方言で，「もう」を意味する）．この11行目と12行目の発話について，発話の宛先という観点から，二つの点を指摘しておきたい．

　第一に，述べたように，11〜12行目では，失われたものが何であるかが具体的に語られている．6行目で語られた「見えなくなってしまったもの」とは，11行目〜12行目で「林」であったことが明らかになる．利用者は，悲惨な状態になってしまった土地がかつてはどのようなものであり，それがどのように変化したのか，昔の様子を知っていた者として語っている．この発言は，その内容から，1行目の看護師の「えぐりとられた」という表現を展開するものであり，そのかぎりにおいて，主な聞き手として看護師が選択されていると考えらよ

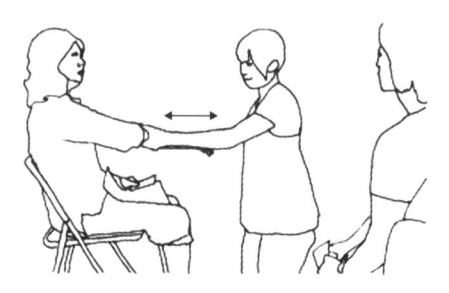

図2　ボランティアが左手で利用者の右腕を揉んでいる

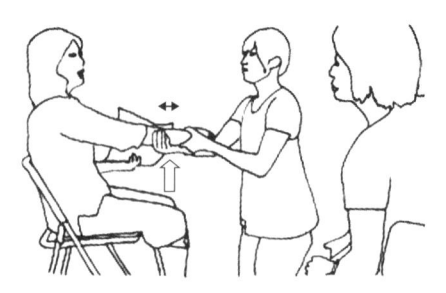

図3　ボランティアが，これまで左手で揉んでいた左腕を右手で揉んでいる

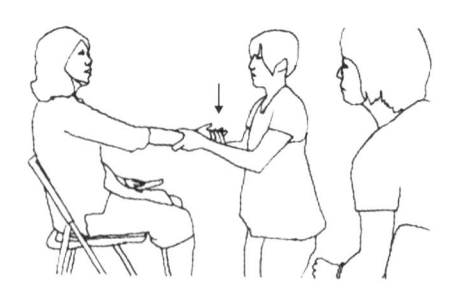

図4　逆行し，左腕ではなく左手を，右手で揉んでいる

う．

　第二に，ボランティアは，視線によっても，11～12行目の主な聞き手として看護師を選択している（「主な」というのは，ボランティアを「聞き手」の集合から排除する意図はないということもまた事実だからである）．例えば6行目の発話のあいだ，視線はボランティアと看護師に交互に送られ，双方が聞き手として選

第 2 章　マッサージの手順が違反されるとき　　　　　　　45

択されている．これに対し 11〜12 行目の発話では，その間ずっと視線は看護師に向けられている．実際に，13 行目で，看護師が「んん んん ん」と応答している．これは 11〜12 行目の発話の途中でなされており，看護師が 11〜12 行目の発話が自分に向けられているという理解を示していると言えよう．

　以上を踏まえるならば，14 行目における「手順の逆行」の意味がわかるだろう．14 行目でボランティアは，「°あ:::°」といいながら，右腕から右手へと逆行していた．相互行為を行なっている人びとは，現在何に注意を向けているのかを体の向きや動き，視線によって互いに示しあうことができる．体が向き合うことは，相互に注意を向け合っていることを端的に示すことが可能である．この場面で問題にしたいのは，腕を揉むのか，手を揉むのかということが，三者が行なう相互行為にとってどのような意味を持つのか，ということである．

　図 2，と図 3，図 4 を比べてみよう．図 2 から図 4 の手揉み逆行までは段階的に進む．それぞれの図は，事例の 11 行目〜14 行目における静止画をトレースしたものである．会話が進行するなかで手揉みの逆行がどのように起きているのか，図の位置を明示した書き起こしをもう一度提示しておこう．

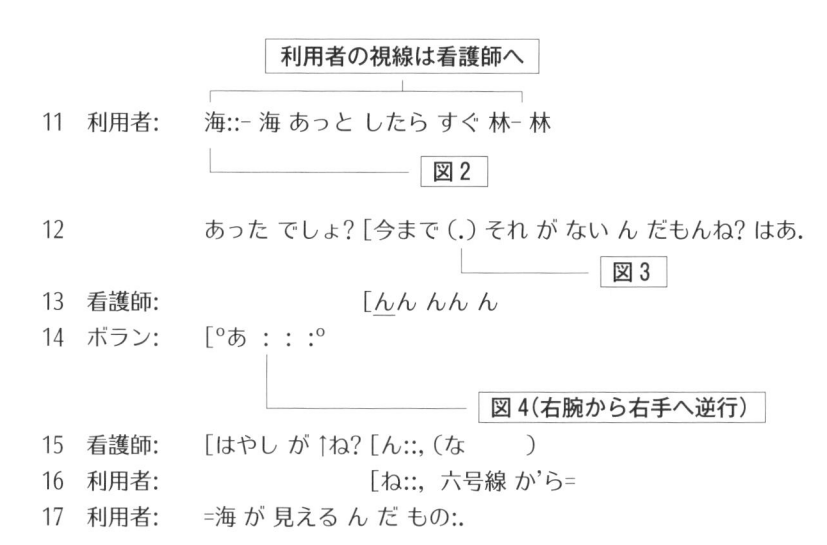

```
                         利用者の視線は看護師へ
                     ┌──────────────────────┐
11  利用者：    海::- 海 あっと したら すぐ 林- 林
               └──────────┤ 図2 │

12           あった でしょ? [今まで (.) それ が ない ん だもんね? はあ.
                                         ┤ 図3 │
13  看護師：                  [ん ん ん ん
14  ボラン：    [°あ ： ： ：°
                           └──────────┤ 図4（右腕から右手へ逆行）│
15  看護師：    [はやし が↑ね? [ん::,(な         )
16  利用者：                    [ね::, 六号線 か'ら=
17  利用者：  =海 が 見える ん だ もの:.
```

図2は，ボランティアが左手で利用者の右腕を揉んでおり，それに対し図3は，ボランティアが，これまで左手で揉んでいた左腕を右手で揉んでいる図である．そして図4は，左腕ではなく左手を，右手で揉んでいる．

　図2の場合は，利用者と看護師の視線の間にボランティアの揉む手がある．その手は，看護師の視界に入ることで，利用者との会話の，いわば「邪魔」になっている．ボランティアの視界にとっても，自身の腕があることが，左側にいる看護師のほうを見づらくしている．

　図3では，右手で利用者の腕を揉んでいる．一方，左手のほうは，利用者の手首を押さえてぴたりととまっている．つまり，左手は，これまで看護師と利用者の視線の間にあったが，いまやその「視線の間」の外に出ている．そして，左手にかわって，こんどは右手が手揉みを始める．右手は，左手とは異なり利用者と看護師の視線の間にはなく，利用者と看護師が互いに向かい合える状態が成立する．

　図4では，ボランティアの右手は利用者の手を揉んでいる．つまり図4において揉む場所は腕から手に完全に逆行し，すでに揉んだ手をもう一度揉んでいる．腕を揉むときのように揉む動作は大きくなく，揉む手が利用者や看護師の視界に入ることもない．利用者と看護師の相互視界はますます拡大している．

　重要なのは，発話のやりとりと，図2から図4への逆行は同時進行していることである．ボランティアの手揉みの逆行によって（看護師と利用者の）相互視界は拡大しており，その拡大は，利用者の看護師を聞き手とした発話の進行に沿って，段階的に組織されているのである．言い換えれば，この一連の，腕から手への手順の逆行は，看護師の15行目の応答において，相互視界が最大化するよう，行なわれている．

　ボランティアは，13行目までは右腕を揉んでいたのだから，14行目における手順の逆行も，事例(2)(3)と同様，足湯活動の終了開始の遅延を可能にしているということができるかもしれない．しかし，この事例において重要なのはそれだけではない．すなわち，この逆行は，11行目と12行目の利用者の発話が看護師を聞き手としてなされたものであるという理解にもとづくものである．それにより，利用者と看護師のやりとりの妨げにならないよう，両者の相互視界を拡大していると言えるだろう．

まとめ

　冒頭で述べた，会話にかんするインストラクションを思い出そう．会話については，「話を聴く」というインストラクションが与えられていた．このイントラクションは，マッサージにかんするインストラクションに比べれば，「単純」なものに見えるかもしれない．なぜならば，後者は，何から始め，どう終わるべきかという，活動の全体構造にかかわるものだからである．にもかかわらず，「話を聴く」ことは，じつは，単純なことではない．それは，さまざまな手段により「巧妙に達成」されている．

　本章では，足湯活動が「マッサージ」と「会話」の二つの活動が並行する活動であることに着目した．正確に言えば，「話を聴く」ことと「マッサージする」ことがどのように相互に作用しあっているのかを見てきた．本章で見ることができたのは，ボランティアたちが，マッサージを調節することで話を聞くことを達成していた，と言えるような現象である．

　さらに，マッサージの手順の逆行は，たとえ事前のインストラクションを知ることのない利用者にとっても，それがマッサージ手順にかんする規範に対する「違反」であることは，理解できるかもしれない．なぜなら，すでにマッサージの終わったところに，わざわざ戻っているからだ．であるならば，この理解の可能性に頼りつつ，ボランティアは，手順の逆行をあえてやって見せるという側面もあるかもしれない．すなわち，このことにより，わざわざ耳を傾けようとしていることを，相手（利用者）に示すこともできるかもしれない．このような意味でも，手順の逆行は，「聴く姿勢」を際立たせると言えるように思う．

　これは，同時にマッサージというものを最大限尊重するやり方でもある．ボランティアは，真剣に会話に耳を傾けながらも，マッサージは持続して行なっている．むしろ，マッサージをしながらその話を真剣に聞くことが可能であるということ．この点がこの足湯活動の独自性を際立たせる側面だろう．

　会話は，足湯活動のなかで主要なものにほかならない．それにあわせて，マッサージの進行が調節される．しかし，マッサージは，やめられることはないまま，たとえ違反した形であれ，続行される．マッサージを基底的な活動として規範的に志向しつつも，会話が主要な活動として際立たせられている．

（須永将史）

第3章 視線のゆくえ

　　　マッサージが行なわれている場所，すなわち二人の手が触れ合っている場所．マッサージが基底的活動であるならば，そこは特別な場所でありうる．その場所は，いわば，視線の「止まり木」として利用できる．視線は，いつでもそこに戻れる．戻れる場所が視線にあること，これが会話を滑らかにする．

はじめに

　二人以上の人物が面と向かって相互行為を行なうとき，視線の動きは，いつも重要である．ビデオ（かつては16ミリフィルム）を用いた相互行為研究が，そのことをさまざまな形で論じてきた．視線が重要なのは，それが，端的に，いま何に注目をしているかを示すからにほかならない．目は，周囲のさまざまな情報を集める感覚器官であるが，一方，まさにそれゆえに，いま何に注目をしているかを，相互行為の相手に対して明らかにすることができる．視線は，身体の中心部と異なり，容易に動かすことができる．それだけに，とくにいま何に（どこに）注目しているかを，相手に明らかにする．アダム・ケンドンによる視線の研究は，まさに視線のこのような特徴に焦点を絞りながら，視線の相互行為的意味の一端を明らかにしたものだった．

　例えば，発話の終局部において現在の話し手が，聞き手（の一人）を見やるとき，話し手は，その聞き手に対して，何らかの反応が期待されていることを示すことになるかもしれない．実際，ケンドンの観察では，発話の終局部において話し手の視線を受けた聞き手が次に発言している．

　チャールズ・グッドウィンの研究では，発話の聞き手の側からの，話し手に対する視線が，現在進行中の発話の産出にとって決定的に重要であることが示されている．グッドウィンの観察によれば，話し手は，聞き手の視線が自分に向けられていないことを見いだしたとき，しばしば言いよどむ．話し手の言い

よどみのあと（そのよどみに促されるように），聞き手はしばしば話し手に視線を向ける．そして，聞き手の視線が得られたことが確認できたとき，話し手は，しばしば発話を最初からやり直す．

　いずれにしても，話し手および聞き手の視線は，一つひとつの発話の産出に対して話し手と聞き手の双方がどのようにかかわっているかを表示するものである．このことが，これまでの研究で明らかにされている．

　この章では，マッサージと会話の複合活動（第1章）として成立している「足湯活動」における視線の配分を検討する．マッサージにおいて焦点になるのは，手もしくは腕である．一方，会話において焦点になるのは，目の前の相手（ボランティアにとっての足湯利用者，利用者にとってのボランティア）である．二つの活動には，それぞれ異なる焦点領域が対応していることになる．最も先鋭的に当座の注目先を示す視線が，この二つの焦点領域にどう配分されるか．その配分をとおして，この二つの活動から構成される複合活動は，どう組織されるのか．この章では，これを考えたい．その意味で，この章は，先立つ二つの章の補論のようなものである．

　本章は，じつは，あまり体系的なデータの検討をへたものではない．第1章で取り上げたいくつかの断片，および第4章で取り上げるいくつかの断片，またこの二つの章に結局加えなかったいくつかの断片のうえに，視線の動きを書き取った．これが，本章のデータベースである．第1章の断片を取り上げるのは，上の事情から理解いただけると思う．第4章では，話題の展開や移行を扱うことになる．第1章のまとめとして，マッサージと会話という二つの活動の複合であることが，話題の維持・展開にかんする参加者たちの負荷を軽減していることを，示唆しておいた．第4章の断片に注目したのは，そのためである．

　このように限定された形で作成したデータベースではある．それでも，いくつか観察できることがある．以下では，最初にそれをまとめ，次にその相互行為上の含意を考察してみたい．

誰の視線か

　足湯活動において，会話がなされているとき，両者（利用者とボランティア）が互いの顔を見合っている時間が圧倒的に多い．が，それでも，発言中に目を

相手から逸らすことも，もちろんある．どちらかというと，ボランティアのほうが，相手（利用者）の顔を凝視しがちである．例えば，次のような具合だ（以下，事例の引用にあたり，各発話ごとに，上にボランティアの視線，下に利用者の視線を書き込んである．X は相手の顔への視線，H はマッサージを受けている手への視線を表わす．また，小文字［x と h］は，視線が，完全に向ききっていないものの，それぞれの方向にあることを表わす．記号のない部分では，視線は別のところに向けられている）．1 行目で，手を見ていたボランティアは，利用者に質問をする．質問の末尾近くで，利用者の顔を見たあと，そのまま，利用者の返答のあいだ，利用者を見続けている．

(1)
```
          (ボ) HHHHHHHHHHHHHHHxXXXXXX
 1 ボラン：   .h さびしくない↓ですか　　なん↓↓か::
          (利) HHHHHHHHHHHHHHHHHHHHHHH

          (ボ) XXX
 2           (1.8)
          (利) h

          (ボ) XXXXXXXXXXXXXXXXXXXXXXXXXX
 3 利用者：   いや::::　ぜ::ん ↓ [ぜ::ん ↑ね >でも↓ね<
 4 ボラン：                   [ぜ(h)ん(h)　ぜ(h)ん(hhh)
          (利) XXXXXXXXXXXXXXXXXXXXXXxx

          (ボ) XXXXXXXXXXXXXXXXXXXXXXXXXXX
 5 ボラン：   .hh [h
 6 利用者：       [うちの子は↓ね: [ち↑いさいときから1人で:=
 7 ボラン：                     [は:い
          (利)                           xXXXXXXXXXX

          (ボ) XXXXXXXXXXXXXXXX
 8 利用者：   =育てい[るから↑ね?
 9 ボラン：         [↓んは:い
          (利) XXXXXXXXXXXXXXXXx
```

一方，利用者は，返答（「いや::: ぜ::ん↓ぜ::ん」）とともに視線をボランティア に向けるが，その返答に，自分と息子の関係についての詳述を付け加えていく とき，しばしば視線をボランティアから逸らす．いつも思うのは，ボランティ アたちは，いつも利用者との会話に非常に真剣に取り組んでいるということだ． ボランティアたちが会話の多くの時間相手を見つめているのは，このような態 度の表われかと，最初は思った．

　が，次の事例 (2) では，逆に，利用者がボランティアの顔を見つめ，それに 対して，ボランティアが視線を逸らしている．ボランティアは，4 行目の発話 の途中で，さらに 5 行目の末尾でも，視線を利用者から逸らす（事例中の BBBBB は「ショップ」の種類，CCCC は商品の種類をである）．

```
(2)
           (ボ) XXXXXXXXXXXXXXXXXXX
 1 ボラン：    あのBBBBBショップやって↓て::
           (利) XXXXXXXXXXXXXXXXX

           (ボ) XX
 2             (．)
           (利) XX


           (ボ) XXXXXXXXxxxx      xxxXXXXXXXX
 3 利用者：    [[ああ*::_
 4 ボラン：    [[BBBBBショップ↓と あと ↑CCC↓Cとか
           (利) XXXXXXXXXXXXXXXXXXXXXXXX

           (ボ) XXXXXXXXXXXXXXXXXXXXxx
 5             ↑そうゆうの↓を(.) 売[ってたんですけど：
 6 利用者：                  [↑ああ： ↓そう
           (利) XXXXXXXXXXXXXXXXXXXXXXXX

           (ボ) 
 7             (0.6)((ボランティアは，2度うなずく．))
           (利) XXX
```

このボランティアの一連の発言は，じつは，利用者からの，マッサージが「商売」なのかという質問に答えるなかでなされたものである．マッサージが「商売」ではないけれど，震災前までは店（「BBBBBショップ」）を経営していたと語っている．じつは，この一連の発言は，利用者の質問により開始されている．ここではボランティアのほうが，利用者の質問に促されて，自分のことについて「語る側」に立っている．

しかし，多くの場合は，事例（1）のように，ボランティアの問いかけに利用者が答える形で，会話は展開する．つまり，利用者のほうが（自分のことについて）「語る側」となることが，多い．おそらく，（問うという意味と，答を聞くという二重の意味で）「聞く側」のほうが，「語る側」に対して明確な注目を求められているにちがいない．なぜなら，「語る側」は，まさに語ることそのことにおいて，相手への注目を体現しているからだ．実際，このことは，前述のグッドウィンの観察とも一致する．であるならば，ボランティアたちのほうが利用者に視線を固定しがちなのは，かれらが「ボランティア」だからというよりも，かれらのほうが多くの場合「聞く側」になるからであろう．

いずれにしても，ボランティアだから，利用者（被災者・避難者）だから，というのではなく，相互行為のあり方との関係で，視線の配分を捉えていくことが重要だろう．

発話の連なりと視線

フェデリコ・ロッサーノは，最近，博士論文等で，発話の連なりと視線の関係について，次のようなことを報告している．いくつかの（複数の話し手による）発話が連なって，一つのまとまりを作ることがある．簡単な質問と返答のように，二つの発話だけで一つのまとまりを作ることもある．すなわち，この二つの発話で，情報を得るという一まとまりの作業が完結しうる．さて，ロッサーノによれば，例えば，質問に対する返答のあと，質問者と返答者の両者がともに視線を相手から逸らすならば，その発話の連なりは完了し，一つのまとまりとして完結する．逆に，両者が互いを見続けるならば，その発話の連なりは拡張される．具体例で説明しよう．事例（3）は，前者（発話の連なりが完了する場合）の例である．1行目でボランティアは，マッサージについて，痛かったら

言ってくださいと,指示を行なっている.それに対して,2行目で利用者は,「はい」と応答している.

```
(3)
         (ボ) HxXXXXXXXXXXXXXXXXXXXXXhHHHH
1 ボラン:    揉み方 つ:- 痛かったらゆってくだ[さ↓い
2 利用者:                              [はい
         (利) HHHHHHHHxXXXXXXXXXXXxxxhhHHHHHH

         (ボ) HHH
3 ボラン:  .h h
         (利) HHH

         (ボ) HHHhh
4         ( 7.8 )
         (利) HHHHHHHHH

         (ボ) xXXXXXXXXXXXXXXXXXX
5 ボラン:   涼しくなってよかったです↓ね::
         (利) HHHHHHHHHHHHHHHHHHHHH
```

1行目の指示の直前まで,両者とも,揉まれている手を見ている.が,ボランティアは,その指示とともに利用者の顔に視線を向ける.利用者の側も,そのボランティアの発話の途中で(ちょうど,言いよどみが生じているところで)ボランティアに視線を向ける.しかし,発話の末尾に近づくと,最初に利用者が,ついでボランティアが,視線をふたたび手に向け,2行目の利用者の応答のときには,すでに両者とも視線が下に(つまり手のほうに)向いている.3行目でボランティアの吸気音があるものの,新たな発話が開始されることなく,7.8秒の沈黙が生じる.次に言葉を発するのは,ふたたびボランティアで,まったく新たな(1行目の指示とは,およそ内容的つながりのない)質問がなされる.

それに対して事例(4)では,1行目のボランティアの(どこから避難してきたかという)質問に対する,2〜4行目の利用者の返答の末尾(「AAA[地名]↓です:.」)で,両者は互いに対する視線を維持している.

(4)
```
          (ボ) HHHHHxxxXXXXXXXXXXXXXXXXXX
1 ボラン:        どちらの方なん↓で[すか:?
2 利用者:                    [あたしは い-
          (利) HHHHHHHHxXXXXXXXXXXXxx

          (ボ) XX
3               (.)
          (利) xxx

          (ボ) XXXXXXXXXXXXXXXXXXXXXXXhHHHHHHHH
4 利用者:    AAA↓です[:.
5 ボラン:         [ああAAAの↑方↑↑なん↓です↓ね::  ふ::::ん_
          (利) XXXXXXXXXXXXXXXXXXXXXXXhHHHHHHHH
```

　利用者の明確な返答（2行目と4行目）のあと，ボランティアは（返答にある地名を繰り返しながら）その返答を受け止める（5行目）．質問と返答の連なりは，ボランティアによるこの受け止めによって拡張されている．その受け止めの過程で，両者は，視線を相手から手へと向けていく．

　ロッサーノの論点がここでも確認できることを押さえたうえで，さらに三つの点に注目しよう．

誰が先に目を逸らすか

　第一点目．視線が相手から逸らされていくとき，多くの場合，利用者，そしてボランティアという順序でなされる．つまり，多くの場合，利用者が先にボランティアから視線を逸らし，それを見たボランティアが，次に自分の視線を相手から手へと向けていく．事例 (3) の1行目と2行目でも，そのようになっている．他の簡単な例も，二つほど挙げておこう．

(5)
```
          (ボ) XXXXXXXXXXXXXhHHH
1 ボラン:    ああ:::: そうですよね ::::::
          (利) XXXXXhhHHHHHHHHHHH
```

(6)
```
            (ボ)  XXXXXXXXXXxhHHHHH
 1  ボラン:    [[ああ そう:::
 2  利用者:    [[(ん::んん ん::↓ん) (0.6)
            (利)  xxx
```

しかし，このパターンには，二つの留保が必要だろう．

第一に，前節で述べたように，これは，「ボランティア」だからなのではなく，「聞く側」だからと言うべきかもしれない．例えば，ボランティアが「語る側」に回っている事例 (2) の直後に，次のよう視線の動きがある．1〜2行目でボランティアは，震災前までやっていた店をやめて，「別のところに行く」と述べている．

(7)
```
            (ボ)  XXXXXXXXXXXXXXXXXXXXXXXX
 1  ボラン:    こんど と- べつのとこ↓ろ行くん↓↓ですよ:
            (利)  XXXXXXXXXXXXXXXXXXXXXXX

            (ボ)  XXXXXXhHHHHHHx
 2         ↑ぼく↓は.(.)↑ん::↓ん
            (利)  XXXXXXXXXXXXX

            (ボ)  XXXXXXXXXXXXXXXXX
 3  利用者:    なかなか容易でねえもんな↓:
            (利)  XXXXXXXXXXXXXXXXX

            (ボ)  XXXXXXXXXXXXXXXXXXXXXXX
 4         あたし- (.)た[ちも 商売やってた↓だ (よ)
 5  ボラン:          [↓んん:::
            (利)  XXXXXXXXXXXXXXXXXXXXXXX
```

1〜2行目のボランティアの発話は，いくつかの点で，「一連の発言の終局部」と聞ける構成になっている．まず，「別のところに行く」というのは，ある出来事の結末として聞ける．次に，「ぼくは」と末尾に付け加えることで，それが自

分のことであることを，ことさら明確にしている．これにより，「自分の話」の区切りを画しているように聞こえる．最後に，「↑ん::↓ん」と，実質的な内容のない要素を末尾に加えることで，目下の発話にはもはや次がないことを示唆している．そうすることで，一連の発言が実質的にもう終わっていることを示唆している．

この「↑ん::↓ん」とともに，ボランティアは，視線を手に移す．2行目の末尾は，もし利用者も視線をボランティアから逸らしていたならば，ここに発話の連なりは完了していたかもしれないような，そういう位置にほかならない．実際には，利用者は，相手を見つめ続けながら，共感的にボランティアの話を受け止めることで，現在の発話の連なりを拡張していく（第9章も参照）．

ここでは，ボランティアのほうが先に（実際には「次」はなかったものの），視線を相手から逸らしている．つまり，視線を逸らす順序は，「ボランティアの次に利用者」なのではなく，「語る側の次に聞く側」と言うべきだろう．

第二に，とはいえ，「聞く側」のボランティアも，利用者よりも先に視線を，相手から手に向けることがある（事例 (4) の5行目では，両者の視線が同時に相手から逸らされていた）．これらの事例は，じつは，興味深い特殊事情を含む場合が多い．他の論点を検討したあと，立ち返ろう．

発話の連なりの引き伸ばし

第二点目．両者とも視線を相手から逸らしたからといって，現在進行中の発話の連なりがほんとうに完了するとはかぎらない．次の事例 (8) は，応急仮設住宅の集会所における足湯の一場面である．1～2行目でボランティアは，この仮設住宅について自分の気づいたことを，利用者に問いかける形で述べる．それに対して，3行目で利用者は肯定的に答えている（「い↑る↓よ」）．この返答の末尾で，まず利用者が，視線を手に移す．その直後にボランティアも，その返答を「ん:::::ん」と受け止めながら（4行目），視線を手に移す．このとき（4行目の時点で），両者はともに視線を手元に落としている．

(8)
```
         (ボ) xxxxxXXXXXXXXXXXXXXXXXXXXXXXXXXXX
1  ボラン:    けっこう犬と-↑いぬとかねことか散歩されている人
         (利)           xXXXXXXXXXXXXXXXXXXXXXXXX

         (ボ) XXXXXXXXXXXXXhhHHHHHHH
2       いん↓ですね:[::
3  利用者:             [い↑る↓[よ
4  ボラン:                   [ん::::[:ん
5  利用者:                        [ん::::↓ん
         (利) XXXXXXXXXXXXXhhhHHHHHHH

         (ボ) HHHHHHHHHHHxxXXXXXXXXXXXXXXXXXXX
6  ボラン:   °けっこういるん°  [だ::↓と↑思っ↓て
7  利用者:                  [私もAAAにいたとき↓は↑いっ
         (利) hhh   xxxXXXXXXXXXXXXXXXXXXXXXXXXX

         (ボ) XXXXXXXXX
8        °ぱいいたの°
         (利) XXXXXXxXXX
```

しかし，まず5行目で利用者が，「んーん」をもう一つ繰り返すことで，現在の発話の連なりにもう一つ発話を付け加える．この（5行目の）時点でも，利用者とボランティアは，両者ともに手を見続けている．しかも，実質的な内容を持たない発言（「んーん」）が交わされ，もはや付け加えるべきことはないかのような状況が成立している．が，さらに6行目で，ボランティアは，手元に視線を落としたまま，1行目の自分の問いかけの理由を述べることで（「°けっこういるん° だ::↓と↑思↓て」），終わりかけていた発話の連なりにもう一つ発話を付け加える．利用者が新たな話題を（これまでのやりとりと関係づけつつ──第4章の分析も参照）導入するのは，そのあと（7行目）である．以上のように，足湯活動においては，両参加者がともに視線を手に移したあとも，発話の連なりが引き伸ばされることがある．

「基底的領域」としての手揉みの場所

　第三点目．ボランティアが視線を相手から逸らすとき，ほとんどの場合（とくに発話の連なりが完了してよい場所では，すべての場合），揉まれている（あるいは揉んでいる）手へと，その視線は移される．あたかも，手揉みの行なわれている場所（すなわち，両者の手の触れ合う場所）が，注目するべき特別の領域であるかのように．

　こう見るならば，いま「第二点目」として観察したことの意味も，わかるだろう．つまり，手揉みの場所とは，「とりあえず」（暫定的に）視線を退かせることのできる場所にちがいない．手揉み（マッサージ）が，第 1 章で述べたような意味で「基底的活動」であるならば，その場所に注目することは，あらかじめ正当化されていると言ってもよい．ロッサーノが観察したこと（両者が互いから視線を逸らすとき発話の連なりは完了するということ）が通常の会話で成り立つのは，相手から視線を退却させることが，相手との現在進行中のやりとり（によって達成されるべき作業）からの退出を示唆するからであるように思える．それに対して，足湯活動においては，現在進行中の手揉みの継続のために，いつでも手揉みの状態（指の位置など）を確認してもよいはずだ．すなわち，手揉みの場所を見やることの，手に視線を移すことの積極的理由が，つねにある．

　やりとりの切れ目に，とりあえず手揉みを確認する．そこで現在進行中のやりとりは終結するかもしれないし，あるいは，もしかしたら，まだ続きがあるのかもしれない．続きを語りたければ語ればよいし，あるいは，別の話題に移動してもよいし，あるいは，会話そのものを中断して，そのまましばし手揉みに集中してもよい．手揉みの場所は，いわば視線の「止まり木」のようなものとして機能している．これが可能なのは，手揉みの場所が「基底的な領域」であるからにほかならない．

　さて，足湯参加者にとって，この「基底的領域」という，手揉みの場所の特徴は，さまざまな形で，利用可能となる．最後に，そのような事例を，二つだけ検討しておきたい．いずれも，「聞く側」のボランティアが，利用者よりも先に，視線を相手から逸らす（すなわち，手に移す）例である．こうして，先に積み残しておいた課題に，ここで戻ることになる．

聞く側から語る側への移行

次の事例 (9) の2行目でボランティアは，それまで利用者が語ってきたこと (犬を遠方のボランティアに預かってもらっているということ) を，「(ふ)::::::::ん」と受け止めながら，視線を手に移す．しかし，利用者が，視線を逸らすことなく，1行目の発話の続きを「付け足す」とき (3行目)，ボランティアは，ふたたび視線を相手 (利用者) に戻す．

この3行目の「付け足し」の区切りのあと，4行目でボランティアは，「ん::::ん」とふたたび利用者の発言を受け止めながら，やはり視線を手に移す．しかし，利用者は，5行目で「(ふ):::んん」と，いわば相手の受け止めを受け止めることしかしていないにもかかわらず，その視線は，依然ボランティアの顔に向けられている．実際，8行目では，利用者は，自分の飼っていた犬の話をさらに続けていく．

```
(9)
            (ボ) xxxxXXXXXXXXXXXXXXX
 1 利用者：   やっぱり生き↓もんだからね:::
            (利) xxXXXXXXXXXXXXXXXX

            (ボ) hHhxXXXXXXXXXXX
 2 ボラン：   (ふ)::[:::::::ん
 3 利用者：      [たい変で↓す↑よ:
            (利) XXXXXXXXXXXXXX

            (ボ) XxxhhhHHHHH
 4 ボラン：   ん::[:::ん
 5 利用者：      [(ふ):::んん
            (利) XXXXXXXXX

            (ボ) HHH
 6          (0.6)
            (利) ×××
```

```
             (ボ) hh      xxxxxxxxxxxxxxxxxxxxxxx
  7 ボラン:      'あ [たしも- [ん?
  8 利用者:         [まえ↓は [ね 五:↑: 匹↓ぐらい飼ってた
             (利)      xxxxxxxxxxxxxxxxxxxxxxxxxx
```

　ボランティアは，事例 (9) の7行目で，「'あたしも-」と自分の話を切り出そうとしている．実際には，8行目で利用者が現在の話題を続けようとしているがために，視線を戻し，かつ「ん?」(7行目) と，相手の発言を促す．この中断した発言は，じつは，あとで語りなおされる．要するに，自分も，犬を預かるボランティアをしていると言おうとしていたことが，そこで明らかとなる．

　ハーヴィ・サックスにはじまり，グッドウィン，近年のジョン・ヘリテッジの研究で明らかになっているのは，すべての発話は，相手の持つ知識の程度に非常に敏感に組み立てられるということである．この事例 (9) のボランティアにとっては，自分の犬を預かってもらっていることについて語る，この利用者に対し，おそらく，自らが犬を預かるボランティア活動に熟知するものであることを，できるだけ早くに伝えるのが望ましいにちがいない．まさにこれを伝えるための新たな発話の連なりを開始するきっかけを作るのに，このボランティアは，手揉みの場所の「基底的領域」という特徴を利用しようとしたのではないか．これが，ここで考えたい一つの可能性である．

　事例 (9) の2行目と4行目においてボランティアは，いわば，手揉みの場所の「基底的領域」という特徴を利用して，相手から視線を逸らす．たしかに，聞く側のボランティアは，進行中の会話を最大限尊重しようとするだろう．しかし，発話の連なりの区切りにおいて，「基底的領域」である手揉みの場所に視線を移すことは，(まさにその「基底的領域」という特徴により) 聞く側にも許されるにちがいない．

　実際，ボランティアが4行目と5行目において視線を手に移動したあと，0.6秒の間があく．これは，たしかに，両者が視線を相手から逸らすときほど明確に，発話の連なりの区切りを画するわけではない．しかし，それは，ボランティアの側からしてみれば，会話から一時退出しつつある自身の振る舞いに対する利用者からの黙認と捉えることもでき，それゆえ，新しい発話の連なりを開始

してもよい場所となりうるかもしれない．

退路としての手揉みの場所

　最後に検討したいと思っているのは，聞く側のボランティアが，体系的に先に視線を手に移動する例である．原発事故にともない避難指示区域から避難している利用者が，ボランティアの「一時帰宅」にかんする質問に答えているところである．利用者は，避難指示区域に指定される前に必要なものは持ち出したので，そのうち車で，その区域に入れるようになるまで，一時帰宅の必要はないと語っている．ボランティアはそれを，2行目で「そうで↓す↑ね:::」と受け止めるとき，視線を手に向けていく．それに合わせるかのように，利用者のほうも，視線を手に移動し，両者ともに手を見つめている状態がしばらく続く（4～6行目）．

```
 (10)
          (ボ) XXXXXXXXXXXXXXXXXXXXXXXXX
 1  利用者： そのうち車で はいれるようになれ↓ば↑な?
          (利) XXXXXXXXXXXXXXXXXXXXXXXXX

          (ボ) XXXXXXXXXhHH
 2  ボラン： そうで↓す↑ね[:::
 3  利用者：          [んん
          (利) XXXXXXXXXXXX

          (ボ) HHHH
 4        (1.8)
          (利) X(hHH)

          (ボ) HHH
 5  ボラン： .hhhh
          (利) HHH

          (ボ) HHHH
 6        (1.2)
          (利) HHxX
```

```
              (ボ) HHHHHHHHxxxXXXXXXXXXXXXXXXXXXXXX
 7   ボラン：      °ん::[↓ん°
 8   利用者：       [>だか(が)ら<  いち時帰宅 まだ う↑ちのほう
              (利) XXXXXx               xxXXXXXXX

              (ボ) XXXXXXXXXXXXXXXXX
 9                 じゃいがれねえもんだ↓わ::
              (利) XXXXXXXXXXXXXXXXX

              (ボ) XXhhHHH
10   ボラン：      ( 2 . 8 ) ((うなずき，そして利用者の手を見る.))
              (利) XXXXXX

              (ボ) HHHHHHHHHHHHHHHH
11                 °°ああh::::::::::::°° .hhh
              (利) XXXXXXXXXXXXXXXxx
```

　しかし，8行目で利用者は，「だから」と，これまでの発言の「続き」を語り始める．それとともに，ボランティアの視線も，利用者の顔に移る．

　最初に，8～9行目の利用者の発話に注目しよう．「だから」で開始されるこの発話は，「続き」であると同時に，「まとめ」として組み立てられている．なによりも，「見にいったんですか」という元の質問に対して，この発話だけで端的に返答となりうるよう構成されている．このような「まとめ」が，4～5行目に見られるような長い（吸気音を含めると3秒を超える）沈黙のあとに起こると，それは，あたかも，いままでの発言に対する十分な反応が，いまだ得られていないことを示唆しているようにも見える．あたかも，その発話のあと，その反応のための機会を，もう一回作り出しているかにように．しかし，ボランティアは，無言で頷くだけで，視線をふたたび手に移す（10行目）．

　つまり，ボランティアは，利用者の視点からは十分な反応がなしえていない可能性のある，そんな状況において，自ら視線を手に移す．ここでは，やや推測にもとづくことを，あえて述べよう．しかし，この点は，コミュニケーション・ボランティアという観点において，非常に重要なことだと，私自身考えている．この二人のやりとり全体は，非常にくつろいだ豊かなコミュニケーショ

ンである．とくにボランティアは，非常に落ち着き，丁寧に利用者の言うことに耳を傾けている．が，とくに海岸沿いの地域からの避難者たちは，非常に独特の強弱・抑揚・発音で語り，（おそらく都市部出身のボランティアには）聞き取るのが困難である．第 8 章でも触れられるような「聞き取り問題」は，音声的な問題として，いつでも起こりうる（このやりとりの書き取りにさいしては，郡山出身の須永に何度も確認してもらい，それでもまだ不明の部分が残っている）．

　この一連の視線の動きをとおして，「随伴的活動」としての会話から，「基底的活動」としてのマッサージに活動の焦点を，あえて切り替える．それにより，現在進行中のやりとりを，とりあえずの区切りのついたところで，終了に持ち込むこと，このボランティアはこんなことを行なっているように見える．それは，じつは聞き取りの問題への対処であるように推測できる．実際にそうだったかどうかは，わからない．しかし，推測とはいえ，まったく根拠のないことではない．4〜6 行目の沈黙と 10 行目の沈黙のあと，それぞれ 7 行目と 10 行目でボランティアは，「°ん::↓ん°」および「°°ああ h::::::::::::::°°」と，小さい声で，いわば沈黙を埋めることだけを試みている．つまり，実質的なことはなにも語らないまま，ボランティアは，いま自分がなにか言うべき位置にいるという（つまり，なんらかの反応が期待されているこという）理解だけを，示しているように見える．しかも，沈黙を埋めるのに用いている音声を変異させ，異なる反応を試しているようでもある．

　いずれにしても，重要なのは，手揉みの場所の「基底的領域」という特徴は，さまざまな偶然的事情によって発生する問題に対して，対処法を提供しうるという点だ．

まとめ

　本章で確認したことを手短にまとめておこう．第 1 章で述べた意味において，会話活動は，マッサージに対して「随伴的」である．が，その一方，進行中の会話活動には，（ボランティアからも利用者からも）主要な関心が向けられる．それは，視線の動きにおいても，明らかである．「聞く側」は，「語る側」に，視線をとおして，当座の主要な関心を示していた．多くの場合，語る側からの視線移動が，聞く側の視線移動を先導するという事実からも，そのことは見て取

れる.

　とはいえ，マッサージが基底的活動であるならば，手揉みの場所は，会話の邪魔をしないかぎりにおいて，いつでも関心を向けることの許される場所である．このことが，さまざまな相互行為上の問題に対処するための手段を提供しているようにも見える．例えば，自分の知識に対する相手の想定を訂正する機会を作り出すこと（事例9）であったり，会話を乱すことなく会話から退出すること（事例10）であったりという具合だ．

　このような（視線にあつらえられた）「基底的領域」の存在も，会話参加の負荷を軽減するのに役立つだろう．とくに，先に触れた聞き取り問題は，単に善意で解決できる問題ではない（気持ちがあればなんとかなるなどということは断じてない，というのは私自身の経験でもある）．言葉がボランティア活動の手段となる以上，直視せざるをえない問題である．足湯活動の「複合活動」という特徴は，この点においても重要だと思う.

（西阪仰）

第4章 話題の展開
——足湯利用者はどのようにして自分から語り始めるか

初対面の者どうし，いったいどのように会話を始めるのか．とくに，足湯利用者は自分の話を，どのように語り始めるのか．もちろん，ボランティアは，利用者に個人的なことをいきなり聞いたりしない．利用者が自分のことを語り出すための機会は，じつは体系的に用意されている．

話題をめぐるジレンマ

　足湯活動は，すでに述べたように，一定の手順にのっとってマッサージをしながら，避難所や応急仮設住宅に居住する足湯利用者の話に耳を傾ける，という「複合活動」である．本章では，「利用者の話に耳を傾ける」という側面について考えよう．実際に，ボランティアと利用者は，足湯やマッサージの手順（足湯の湯加減やマッサージの強さの確認，次にどこをマッサージするか，など）と無関係の話題について，いろいろ語り合う．このようなさまざまな話題について語ることは，どのように開始されるのだろうか．

　一般的に言って，いつでも好きな話題を好きなときに持ち出すことができるわけではない．友だちどうしの場合でも，自分に関心のある話題をとにかく相手のことなどかまわず持ち出すならば，なにか「自己中心的なやつ」と思われるかもしれない．まして，初対面（あるいは，一度か二度以前少し話をしたことがある程度の者どうし）の場合，相手の仕事，趣味，政治的・思想的傾向などについて，まったく手がかりのないまま，特定の話題を持ち出すことは，さまざまな危険をともなうだろう．例えば，メイナードとジンマーマンは，知り合いどうしと初対面の会話を比較しながら，話題がいかに互いの「体面」に敏感な形で組み立てられているか論じている．

　本章では，とくに利用者が自分のことにかんする話題を持ち出すときに，どのような技法を用いているか，そのいくつかを明らかにしたい．

会話活動における最初の話題候補

　足湯におけるやりとりにおいて，最初の話題は，ほとんどの場合，まずは，ボランティアによって提示される．それは，天気にかんする語りかけ（事例（1）の5行目）であったり，利用者が身につけているものにかんする（事例（2）の3行目）であったりする．

```
(1)
 1  ボラン：    揉み方 つ:- 痛かったら ゆってくだ[さ↓い
 2  利用者：                              [はい
 3  ボラン：    .hh
 4              (7.8)
 5  ボラン：→  涼しくなってよかったです↓ね::
 6  利用者：    ね=今日はね:[::::
 7  ボラン：              [ん:::::ん


(2)
 1  ボラン：    はい あ 手::_ 失礼しま:↓す（します）
 2              (2.6)（(ボランティアが手のマッサージを開始する)）
 3  ボラン：→  あ ネールされてま↓す[ね::
 4  利用者：                      [は↓い: この前 来たちき
 5              やってもら(h)った(h)↓の(h)
 6  ボラン：    ↑あ::. .hhh 先ほどのお母さんも あの: 塗って
 7              もらったって言ったんで::
 8  利用者：    (°          °)
 9              (0.5)
10  ボラン：    綺麗です↑ね:↓:
11  利用者：    'んか: そのかた:: ¥だんだんだめになって¥
12              き て[ると [↓か=
13  ボラン：        [.hhh [eheh heh[heh hh
14  利用者：                      [(か(h)ず(hhhh))
15              .hhhh °へえ::::°
16              (2.2)
```

17	ボラン:	やっぱ おしゃれする↓と[↑¥気持ち変わります↓よね¥
18	利用者:	[huh huh huhhh
19	ボラン:	eheh heh hehh
20		(1.5)
21	ボラン:	い<u>た</u>いです [<u>か</u>

　天気は，二つの意味で最も安全な話題であろう．第一に，誰にでもわかることなので（とく今日の天気は，みんながいまここで体験していることなので），なぜそのことについて語ることができるか，理由の説明が不要だ．第二に，天気は，誰のものでもないし，誰か特定の人の性格や特性を反映するものでもない．だから，天気の話題は，自分および相手のいかなる特徴とも無関係に展開することができる．このような意味において，天気は最も安全な話題と言えるだろう．一方，それがゆえに，天気はとくに興味を引くこともない話題である．

　身につけているものも，誰にでも気づくことができる．実際，ボランティアが，利用者の身につけているものに言及するとき，多くの場合，「いま気づいた」こととして語られる．事例（2）の場合も，ボランティアは，3行目で，「あ」と言うことで，いまそれに気づいたことを主張している．いま気づいたということは，それにいま言及することを正当化するだろう．その意味で，身につけているものは，やはり最初の話題候補となりやすい．また，身につけているものは相手のものであり，そこには相手の特性（好みや生活習慣，場合によったら裕福さなど）を反映していることもある．だから，それは，天気よりは興味を引く話題でありうるが，一方，相手の特性を反映するものに言及することは，それだけ相手の領域を侵犯する危険もあるかもしれない．

　いずれにしても，ボランティアの最初に言及するものは，どちらかというと「無難な」ものであるように見える．また，それは，あくまでも話題の候補であるだけで，実際に話題として展開していくとはかぎらない．

　事例（2）では，ボランティアの「ネイル」についての語りかけから，「ネイル」についてのやりとりが少し展開する．しかし，その展開（3行目から18行目まで）は，おおむね表1のようになっている．すなわち，それぞれ，二つの発言の組にしてながめたとき，利用者の発言は，すべて，ボランティアの発言に対

3行目:	ボランティアの語りかけ	
4～5行目:	利用者の応答	← 反応
6～7行目:	ボランティアによる情報提供	
8行目:	[ビデオで見ると口が動いている]	← 反応
10行目:	ボランティアの「ネイル」に対する肯定的評価	
11～12行目:	利用者による（「ネイル」の現在もしくは将来の状態に対する）自己卑下的評価	← 反応
17行目:	ボランティアによる肯定的態度の表明（同意の要求）	
18行目:	利用者の笑いによる同調	← 反応

表1　事例(2)のやりとりのパターン

する，なんらかの「反応」と捉えることができる．このようなやりとりにおいては，ボランティアのほうがこの話題について主導していると言えよう．

それに対して，利用者のほうが，特定の話題について主導していくやりとりは，どのように始まるのだろうか．本章では，その手続き（技法）を明らかにしたい．

利用者からの話題の切り替え

次の例は，最も際立ったものである．最初に，「今日の」炊き出しについて，ボランティアが問い，それに利用者が答えている．そのあと，7行目で，利用者は，前日に野球を観に行ったということを，いわば突然語り始める．「突然」というのは，野球を観に行ったことが，今日の炊き出しとなにか関連づけて語られている気配がないからだ．

(3)
1　ボラン：　　今日はなんでしょう↓ね (↑)炊き出し↓は:[:
2　利用者：　　　　　　　　　　　　　　　　　　　　[けっ↑こう
3　　　　　　　↓あった↑ね::
4　ボラン：　　ね:::[:::
5　利用者：　　　　[いろんな(h)の(hh) oho[hohhh
6　ボラン：　　　　　　　　　　　　　　　　[ね:: そうですよ↓ね::
7　　　　　　　いっぱい↑あっ↓て: .hh ん:::_[:_
8　利用者: →　　　　　　　　　　　　　　　[きのう野球 観に行っ

```
 9                た↓の=
10  ボラン： =あ あ#ほ#んとです↓か:: あの <巨人 対
11              ヤ ク ル［ト＞ の¥で↓すか::¥
12  利用者：         ［んん::ん
```

2点だけ，述べておこう．第一に，ボランティアの問いかけ，利用者の応答のやりとりのあと，ボランティアは，6〜7行目で，その（利用者の）応答を受け止めている．すなわち，ボランティアの最初の問いかけに，利用者が答えたあと，すぐに次の質問を行なうのではなく，6〜7行目にかけて，最初に「ね:: そうですよ↓ね::」，続いて「いっぱい↑あっ↓て:」，それから「ん::::_」と，三つの項目を用いている．最初の「ね:: そうですよ↓ね::」は同意を与えている．次の「いっぱい↑あっ↓て:」は，利用者の応答にある「けっこう」「いろんなの」という表現を，別の（しかも，より強い）言い方に言い換えることで，強い同調性を示しているといえよう．最後の「ん::::_」は，もう一度，はっきりと受け止めることをしている．こうして，ボランティアは，一方で，利用者の応答が，応答として十分であることを明確にするとともに，他方で，次に利用者が発言を開始もしくは継続してもよい場所を用意している（実際，4行目の「ね:::::」という受け止めが終わりかけるとこで，利用者は，3行目の応答の継続を行なっている点に，注意しておこう）．つまり，次のような形になっている．

1) ボランティアの質問
2) 利用者の返答
3) ボランティアによる返答の受け止め
4) 利用者の発言の機会

8〜9行目の利用者の発言は，この与えられた機会を利用して，新たな話題を持ち出していると言えよう．

第二に，じつは，どんな話題でも，直前の話題との関連づけなく持ち出すことができるわけではない．実際，7行目の利用者の発言は，「ニュース（直近の珍しい経験）の報告」という形をとっている．まず，「昨日」のことであることが明示されている．次に，（「野球を観た」ではなく）「野球を観に行った」という表現は，その経験が十分珍しいものであること（単にテレビで見たのではなく，

実際に球場に行ったこと）を示唆する．いま気づいたことと同様，最近の珍しい経験も，新たな話題をいまここで持ち出すための正当化となりうるだろう．

話題の関連づけ

ボランティアがなんらかの問いかけを行ない，それに利用者が応答し，そのあとボランティアがそれを受け止めるという形は，繰り返し観察できる．重要なのは，このボランティアによる受け止めのあと，利用者のための発言の機会が体系的に用意されるという点だ．

この機会は，利用者により利用されるとはかぎらない．利用されないならば，ボランティアは，新たな質問を行なうだろう．前節で見たのは，この機会が，まったく新たな話題の導入（話題の切り替え）に用いられた例である．一方，直前のやりとりと関連づけを明確にしたうえで，新たな話題を展開する場合もある（「話題の切り替え」と，関連づけながらの話題の移行とが，二つの異なる話題導入のやり方である点は，ダグラス・メイナードの，話題にかんする別の研究でも強調されている）．次の事例（4）がその（関連づけながらの話題移行の）例である．この足湯は応急仮設住宅で行なわれている．ボランティアの1～2行目の問いかけは，この仮設住宅で気づいたことにかんするものである．

```
(4)
1    ボラン：   けっこう犬と-↑いぬとかねことか散歩されている人
2              いん↓ですね: [::
3    利用者：               [い↑る↓ [よ
4    ボラン：                       [ん::::[:ん
5    利用者：                            [ん::::↓ん
6    ボラン：   ºけっこう いるんº[だ:::↓と↑思っ]て
7    利用者：→               [私もAAA（(地名)）に
8         →  いたとき↓は↑いっ ºぱいいた↓のº[(ººよºº)
9    ボラン：                              [ºあ　ほ[んと::º
10   利用者：                                    [ºん::↓んº
11   利用者：   ºみんなだめっ:º  ºº↓てºº
```

```
12  ボラン:      ふ::::::::: [ん
13  利用者:            [いぬ↓がね:
14  ボラン:      ↑ふ::::[:ん
15  利用者:          [↓あの:: (0.4) なん↓とか 助けられ[↓↓たけど
16  ボラン:                                    [ふ: : : : : ん
```

1〜2行目のボランティアの問いかけに対して，利用者は，3行目で「いるよ」と答える．4行目でボランティアは，「んーん」とその返答を受け止める．ここに，利用者の最初の発言機会が用意されていると言ってよいだろう．しかし，利用者のほうも「んーん」とだけ言うことで，その機会を，いわば「パス」しているかのように見える．6行目では，ボランティアは，最初の問いかけの理由（動物を連れて散歩をしている人が思いの外，目に付くので気になった，というふうに聞こえる）を述べることで，この問いかけと応答のやりとりを締めくくろうとしているかのようである（実際，この発言は，小声でなされている）．おそらく，この発言のあとにも，ふたたび，利用者の発言のための第二の機会が用意されたことだろう．が，利用者は，その機会を先取るかのように，7行目で，自分のことを語り始める．

　じつは，ビデオの画像を見ると，6行目のボランティアの発言と同時に，利用者は，口を開けて何かを語り出そうとしているのがわかる．つまり，5行目の「んーん」に続けて，7〜8行目の発言を行なおうとしていたのだろう．ちなみに，3行目で利用者が「いるよ」と答えるとき，利用者は，「よ」とともに自分の手を見る．それに応じるように，ボランティアも利用者の手に視線を落とすため，6行目の時点では，利用者の顔が見えていない（第3章の分析も参照）．つまり，利用者が口を開けて何かを語り出そうとしていたことは，ボランティアには見えていなかったかもしれない．

　さて，ここで利用者の語っていることは，自分は，犬だけはなんとか，元の居住地（AAA）から連れ出せたということだ．この引用のあとには，猫は連れ出せなかったこと，連れ出した犬は，ボランティアが多くの犬と一緒に預かってくれていること，そのボランティアが避難所に写真を持って訪ねてきたこと，さらに，犬が去勢されたこと，などである．これらを語るにあたり，利用者は，

その語りをボランティアの1～2行目の問いかけと関連づけて語り出している点に，注意したい．

　その関連づけは，非常に技巧的になされている．もちろん，「犬」の話という点で関連していることは，言うまでもない．が，それ以外にも，第一に，利用者は「いっぱいいた」と語っているが，何が「いた」のかははっきりと語られていない．つまり，この発言は，ボランティアの1～2行目の問いかけと関係づけられて初めて理解可能となるように組み立てられている．第二に，「私も」と，「も」という助詞が用いられている．つまり，1行目の「散歩されている人」との関連が明確にされている．第三に，「いっぱいいた」という表現と，1行目の「けっこう…いん（る）」という表現は，主語は異なるものの，表現上の関連ははっきりしている．

　さらに，ボランティアの1～2行目の問いかけは，「結構」という表現により，仮設住宅の利用者たちが犬や猫と一緒に避難できたことについての意外性を含意していた．一方，利用者の「AAAにいたときは…いた」という言い方は，「は」による対照化および「いた」という過去形によって，現在は「いない」ことが含意されている．つまり，利用者は，自分の場合は連れてこれなかったことを含意する言い方をとっている．利用者が，ボランティアの「意外な発見」に同調的な形で，話題を持ち出している点も，注意してよいだろう．

　事例（4）の利用者による話題の導入は，こうして，ボランティアの問いかけとの，明確な関連づけと同調性によって正当化されている．

応答の拡張

　利用者の応答を，ボランティアが受け止めたあとに用意される，利用者の発言機会は，「応答の拡張」と呼べるような手続きによって，新たな話題導入のために利用されることもある．「応答の拡張」とは，もともと，西阪が，病院もしくは助産院における妊婦健診のやりとりを分析するなかで，妊婦が自分の心配事を語り出すための手続きとして，明らかにしたものである．それは，次のような手続きである．まず医師なり助産師が妊婦に，健康にかんするごく普通の質問（腹部の張りや食欲などにかんする質問）を行なう．それに対し，妊婦が返答する．その返答が完結したあとに，妊婦は，その自分の返答に対してなんらか

の操作を，進んで加えることがある．その操作とは，返答を継続する，返答を明確化する，返答に制限を加える，返答の理由を説明する，あるいは，返答に関連する新たな情報を付け加える，などである．

この応答の拡張には，しばしば，新たな話題の「候補」が含まれる．事例 (5) の1行目で，ボランティアは，前日の野球の観戦について感想を聞いている．

(5)
```
1  ボラン：    でも ど- どうですか?(.) プロ野球観れ↓て:
2              (.)
3  利用者：    いや:: 高校野球と いっしょに ↑なった↓[な
4  ボラン：                                    [hah hah hah
5              hahhhh HAH HAH HAH[HAH HAHhhhhh .hh hh .hh
6  利用者：→                     [ここで高こう野球も やった
7              から[↓な
8  ボラン：    [ああ::(hh) なるほど(hh) .hh hh やって ま[した ↓(ね:)
9  利用者：                                          [¥こう校野球
10             のほう↓が↑おもしろいん↓じゃ ね[えか?¥
11 ボラン：                                  [hhahahhh
```

ボランティアの1行目の質問に対して，利用者は，3行目で，高校野球と比較して答えている．それに対して，ボランティアは，4〜5行目で大きく笑うことで，その返答が十分情報価値のあること，しかも，それは笑うべきこと (すなわち，プロ野球に対するある種のからかい) として理解できることを明らかにしている．その笑いにより用意された発言機会を利用して，利用者は，6行目で，高校野球とプロ野球を比較する理由もしくは動機を明らかにする．つまり，避難所で高校野球を観ていたというわけである．実際に，「から」という表現により，この (6行目の) 発言が，自分の (3行目の) 返答の理由であることを，明確にしている．

事例 (6) の1行目では，ボランティアは，利用者の出身地を問うている．

(6)
1　ボラン：　　どちらの方なん↓で[すか:?
2　利用者：　　　　　　　　　　　[あたしは い-
3　　　　　　　(.)
4　利用者：　　AAA ((地名))↓です[:.
5　ボラン：　　　　　　　　　　　　[ああ AAA の↑方↑↑なん
6　　　　　　　↓です↓ね::　ふ::::ん_
7　利用者：→　AAA はどうせ入れないから
8　ボラン：　　ああ::::　そうですよね::::::
9　　　　　　　(0.8)
10　ボラン：　　仮設のほうに↓はまだ::

　1行目の質問（「どちらの方なんですか」）に，利用者は2行目および4行目ではっきりと答える（「わたしは AAA です」）．5行目でボランティアは，まず，「ああ」と言うことで，情報価値のある返答が得られたことを主張している．また，返答の中心要素である地名（「AAA」）を繰り返すことで，自分が得た情報の中心がどこにあるかを示し，さらに，十分に引き伸ばされた「ふーん」を末尾に付すことで，質問と返答のやりとりそのものに区切りを持ち込んでいる．

　利用者は，ここで生じた機会を捉えて，返答の説明（「AAA はどうせ入れないから」）を付け加えている（7行目）．利用者のこの発言も，自分の返答の中心要素である「AAA」を繰り返し，かつ「から」という理由説明表現を用いることにより，それがその返答の補足説明であること，すなわち，あくまでも，自分がいま行なった返答に対する操作であることを，明確にしている．

　この説明は，4行目の自らの返答に対して制限を加えるものである．この利用者は，公式には AAA の住人であるが，しかし，そこに「入れない」以上，普通の意味で「AAA の方」とは言いがたいかもしれない．ところで，一方，「どうせ」という言い方により，これからにかんする不安が，その説明のなかに忍び込まされているようにも聞こえる．実際，現在の避難所がほぼ1ヵ月後に閉鎖になることがわかっているなかで，ボランティアが，10行目で，（次の生活場所となるであろう）仮設住宅にかんする問いかけを行なっているのは，このことと無関係ではないだろう．

事例(6)のように，応答の拡張のなかで，現在もしくは将来にかんするなんらかの問題（心配事）が示唆されることは，しばしばある．「応答の拡張」のなかに忍び込まされた話題が実際にどれだけ発展するかは，わからない．が，これが，利用者の側からの話題展開のための一つの手続きでありうることは，確かだろう．

「応答の拡張」の利用

応答の拡張は，新たな話題を導入するための手続きだった．なぜいまその話題を導入するのかの正当化は，まさに，自分の直前の返答によって与えられている．その返答が，なんらかの理由の説明，明確化，補足などを必要としたというふうに，応答の拡張は構成される．一方，新たな話題が導入されるときに，その内容とは無関係に，形式上，「応答の拡張」としてなされることがある．次の事例(7)は，そのような例である．

```
(7)
 1  ボラン:   p 初めか↓ら こちら↓↓に
 2           (0.6)
 3  利用者:   最[初は↓ね_ あの: 避なんして↓ね_
 4  ボラン:     [こられ↓て
 5  ボラン:   は:い
 6  利用者:   °ん::んと° ＜AAAA県＞の:
 7  ボラン:   は:い
 8  利用者:   BBB↓B ((町名))
 9           (.)
10  ボラン:   あ h[#ああ#:: そうだった[ん↓ですね?
11  利用者:       [ん              [そちらに(逃げてね_)
12  ボラン:   は:い
13  利用者:   °>はい<° で またも↓どって ＜来↓↓[て＞
14  ボラン:                              [あ なるほ↓ど::
15           (.)
16  ボラン:   #え え[::#
17  利用者:        [またこっちに:_
```

```
18  ボラン：   はい
19             (.)
20  利用者：   °き°-
21             (1.8)
22  利用者： → で ［うちの子ども↓は はた↑らいてるんで↓す ＝
23  ボラン：      ［°ん::ん°
24  利用者：   ＝ ahe[hehehhhhhhhhh]
25  ボラン：        ［あ そう な↓ん］ですね:↑:［↓ん::ん_
26  利用者：                                ［ちょうど:
27             (.)
28  利用者：   あの:↓:(.)再開した↓なん↑↑て(h)
29  ボラン：   ん::::ん_
30             (2.8)
31  利用者：   仕事しない↓と ↑食べていけ(げ)な↓いもん↑ね:
```

ボランティアは，1行目で，最初からこの避難所にいるのか問うている．それに対する利用者の返答は，最初は他県に逃げていたけれど，福島にまた戻ってきたというものである（3, 6, 8, 11, 13, 17行目）．この返答自体，やや複雑な構成になっている．ボランティアの質問（1行目）が「初めから」という聞き方になっているので，「最初」どこにいたかを答えれば，それで十分な返答になりうるだろう．実際，8行目で具体的な町名が語られたあと，ボランティアは，はっきりとその答を情報価値のあるものとして受け止めている（「あh」10行目）．しかし，それと重なりながら，利用者は，（その町に，「そちら」という代名詞であらためて言及しつつ）応答の最初の拡張を行なう．13行目では，利用者は，「で」という表現により，他県に「逃げた」あとの「次の」段階が補足されることを明確にしている（その「次の」段階が「また［福島県に］戻ってきた」ことであることが，すぐに明らかにされる）．

さて，18行目のボランティアの，強い「はい」および21行目の1.8秒の沈黙のあと，利用者の発言機会が新たに用意される．そこで，ふたたび利用者は「で」という表現により，「次の」段階の補足が行なわれることを，示唆する．たしかに，福島県に戻ってから自分の「子」が仕事をしているという「補足」がなさ

れたと言えなくもない．しかし，そこで語られている話題（息子の仕事）は，最初の質問の内容からかなり離れているようにも思う．つまり，応答の拡張という手続きを形式上利用しながら，実質上，話題を別のものに移行させていくというのも，話題展開のための一つの技法でありうる．

応答のための準備──応答の前方拡張

　応答の拡張は，返答の後ではなく，前に行なわれることもある．次の事例 (8) の 1～2 行目でボランティアは「夏に足湯はあついか」と問うている．それに対して，利用者は，ちょっと間をあけてから，まず，大きく息を吸い込み，「あの↓ね」と語り始める．この語り出し方は，返答が十分複雑なものになることを予測させるだろう．実際，そこでまず語られるのは，「はかた温泉というのがある」ということだ．この 4～5 行目の発言を，（それ自体問いかけになっていることは別としても）1～2 行目の質問に対する返答と聞くことはできない．21～22 行目に至って，ようやく返答がなされたと聞くことができる．実際，23 行目の発言（「やっぱそうですよね」）から，ボランティアもそのように受け止めているのがわかる．1～2 行目の質問が「やっぱ」という表現により，肯定的返答を強く予想する形を取っているが，23 行目の「やっぱ そう」という言い方は，その予想の正しさを確認するという形になっている．

```
(8)
 1   ボラン：   やっぱ夏に足湯ってどうで↓す↑か: ちょっと
 2              ￥あつい￥ ↓です↓↓か-
 3              (0.4)
 4   利用者： → .hhh あの↓ね (.) <あたし> (やったことねえんけど:)
 5            → そこに はかた温泉てあんの↑ね?
 6   ボラン：   あ >はあ はあ< は:い さっき通って↓きま-
 7   利用者：   ね?
 8   ボラン：   は:い
 9   利用者：   かんスポって↓ゆう
10   ボラン：   ↓はい
```

11	利用者:	かんスポってゆうん だけど[:: まあ =
12	ボラン:	[は:い
13	利用者:	= スポーツセン↓ター=↑ゴルフ:: 練習場↓があんの:
14	ボラン:	(.) は:い
15	利用者:	そこの入り口↓に:: 足湯があん↓の
16	ボラン:	↑あ そうなん↓ですか↑::
17	利用者:	んん::
18	ボラン:	°はあ::↑::↓::°
19	利用者:	だから: 冬場になるとみんな結構行ってたみ↓たい
20	ボラン:	あ .hh そうなん °↓ですか[↑::°
21	利用者:	[さすがに 夏場に 行くものは
22		↓い[ない
23	ボラン:	[ああ や(h)っぱ そうです[よね eheh heh hehhh .hh
24	利用者:	[°そう そう そう°
25	ボラン:	= heh heh[heh h h
26	利用者:	[んん::
27		(0.4)
28	利用者:	ここ- (.) 温泉が結構この辺あるん↓だよ::

4行目から19行目に至るまでの一連の発言は，返答のための，なんらかの「準備」として聞くことができるだろう．もし「夏はあついか」という問いに最も簡単な形で返答するならば，「夏はあつい」というようなものだっただろう．しかし，「かんスポ」と呼ばれるスポーツセンターの様子を語ることは，利用者自身の主観的判断を避け，「みんな」（19行目）の振る舞いの客観的記述という形での返答を可能にしている．

それだけではない．いったん質問がなされるならば，返答と聞くことのできる発言まで，質問者は，返答者の発言に耳を傾けることになるだろう．返答の準備を，返答に先立って行なうことは，その準備の発言のなかで，さまざまな話題候補（「温泉」「ゴルフ」など）を持ち出すことを可能にしてくれる．実際に，1行目の質問から始まるやりとりが26行目で一段落ついたあと，28行目で利用者は，自分の3行目の発言から（「そこ」の）「温泉」を拾い上げ（「温泉が…この辺ある」），それを話題として展開しようとしている．

おわりに

　この章では，特定の話題について利用者が語り始めるまでに，どのような経過がたどられるのかを，検討してきた．ボランティアの問いかけに利用者が答えるというやりとりが連続するだけでは，利用者が特定の話題について，それを自分の話題として語るという形には，なりにくい．しかし，この質問と返答をきっかけに，利用者が自分の話題を語り始めることができることも，はっきりと確認できたと思う．冒頭に述べたように，いまここでこの話題を持ち出すことには，それなりの理由がいる．質問に関連づけた話題の移行や，あるいは「応答の拡張」は，そのような理由づけのための手続きである．一方，この手続きが実際に用いることができるかどうかは，利用者の応答のあと，その応答をしっかりと受け止めながら，同時に，利用者の発言機会を用意するという，ボランティアの側の振る舞いに，決定的に依存していた．話題の展開は，このような意味において，個人の意志だけでなく，相互行為の構造に根ざしたものであること，この点をよくよく強調しておきたい．

　　　　　　　　　　　　　　　　　　　　　　　　　　　　（西阪仰）

第5章　態度のすりあわせ
——「共感」はどのように形成されるか

> 「共感する」とは，じつのところ，どのような営みなのだろうか．足湯利用者は自身の経験を語り，ボランティアはそれに共感する．この一見単純に見える営みの背景には，両者による，さりげない歩み寄りの過程がある．

はじめに

　利用者が出来事や状況について報告するとき，ただ起こった出来事の事実関係が説明されるのではなく，その出来事・状況を利用者がどのように捉えているのか，という態度を表明する．態度は，直接的に，あるいは間接的に，じつにさまざまな言葉，相互行為的資源によって，表わされる．しかし，ボランティアが，利用者の報告を受け止め，それに対する態度を理解したうえで共感的な反応をしようとする際，その出来事・状況が，利用者にとってのぞましい，正（＋）の価を持つのか，のぞましくない，負（－）の価を持つのか，ということが中心的な問題となる．多くの場合，ボランティアは，利用者の態度を読み取り，同じ立場にたって反応をすることで，利用者に対して共感的な反応をする．しかし，利用者の態度がはっきりとは表明されていない場合，あるいは，震災・原発事故被害の当事者と非当事者としての立場が問題となるような場合には，共感を構築する，ということはより複雑な営みとなる．本章では，足湯インタラクションのなかで，利用者とボランティアがどのようにして利用者の経験を共有し，共感を構築するのか，「態度のすりあわせ」という観点から検討する．

「共感する」ということ

　利用者が，自分達が経験したことについて報告するさい，しばしば，それが自分にとってどのような経験だったのか，その経験に対して，自分が肯定的な態度を持っているのか，否定的な態度を持っているのかに言及する．事例（1）

では，ボランティアと利用者，利用者の隣に座って足湯の順番を待っている利用者の姪が，三人で会話をしている．姪が，震災のあと，転校したという話が出たあと，ボランティアは姪に対して，「でも友達は::出来た？」と質問する．姪は，この質問にうなずくことで答えているが（2行目），続いて，利用者もこの質問に答える（3~4行目）．この発話のなかで，利用者は，「友達いっぱいできた」と，「いっぱい」を加えることで姪の新しい学校での現状が非常にのぞましいものであることを伝え，続いてこれを「からよかったっす」と，のぞましい出来事として捉える，正の態度を明示している（事例の中に記された「＋」や「－」の記号は，それぞれ，出来事を肯定的に捉えるのか，否定的に捉えるのかが明示的・非明示的に表されていることを示す）．

(1)
1　　　ボラン：　　でも友達は:: できた？
2　　　姪：　　　　((うなずき))
3　＋　利用者：→　友達いっぱいできたから
4　　　　　　　　　［よかったっす.[.sh HHE
5　＋　ボラン：→　［あ:::　　　　［↑よかったね:::::,
6　　　　　　　→　ほんとにね=それがい↑ちばんだよね,
7　　　利用者：　　はい,

利用者の答えの部分（3行目）が発話された時点で，「あ:::」と，質問の十分な答えがえられたことを表わす*．そして，利用者の「よかったっす」（4行目）が発されると，それに続いて，「よかったね:::::,」と言う．この，「よかったね」の部分は，転校した当人である姪に向かって発話されているが，同時に，姪の現状にかんして，利用者と同じ態度を表明することによって，利用者に共感する，ということも行なっている．このように，利用者が何かを報告し，そこで語られる出来事に対する自らの態度を明示したとき，ボランティアは，それと同じ態度をとることが，共感を表わすことになる．

*ヘリテッジは，英語の感嘆詞 'oh' が，知識の状態に変化があったことを表すということ，そして，この感嘆詞が，質問に対する十分な答えが得られたことを表わすのに使用され

るということを示している．

　事例（1）では，利用者は「よかったっす」と自分の態度を非常に明示的に述べている．しかし，多くの場合，利用者の態度は，非明示的に，細かい言葉遣いのなかに暗に表わされる．事例（2）は，そのような例である．この事例の直前に，利用者は，原発事故が起きてから避難所に落ち着くまで，車で色々なところを点々としながら，数日を過ごしたことを話している．そして，五日たって避難所に落ち着いてやっと風呂に入ったりご飯を食べたりしたこと（1-2行目），その次には放射能のスクーニングを受けたことを話す．この語りのなかで，利用者は，スクリーニングを受けるという経験に対して，自分が肯定的な態度を持っているのか，否定的な態度を持っているのか，はっきりとは述べていない．しかし，ボランティアは，語りが一段落したとき，「あららら」（16行目）「大変でしたね::::,」（19行目）と，この出来事を，利用者にとってのぞましくない，苦労話として受け止めている．

(2)
1　　利用者：　ここで:_ (.) ぜん↓ぶ:↑からだあら↓って: ご↑はん
2　　　　　　　とちゅう↓でたべ↓て:
3　　ボラン：　は:↓い:
4　－利用者：→　こうやって- そ- あの::今度ほら:なんだ (1.5)
5　　　　　　　#あの-# (0.4)原発のあれ (.)　[↑な
6　　ボラン：　　　　　　　　　　　　　　　　[んん.
7　　　　　　　ス[クリーニングね?
8　　利用者：　　[放射能か?
9　　ボラン：　んん [:,
10　－利用者：　　　[.hh 影響あっかねっかって↓ほれ調べねか
11　　　　　　　なんねえっていわっ↑ち:,
12　　ボラン：　はい::
13　－利用者：→　郡山んたいくかんで二時間:ぬ:いたなきっと.
14　－ボラン：→　そんなに(h)待ったんですか?
15　　利用者：　ん [:ん.
16　－ボラン：→　　[あららら

17	利用者:	え：：［っぱいならんでたから．
18	ボラン:	［え::
19	－ ボラン:→	大変でした［ね::::,
20	利用者:	［んん:,

　利用者の語りのなかには「大変だった」，「いやだった」，というような，明示的に態度を表明する表現は使われていない．しかしながら，ボランティアの「あららら」，「大変でしたね:::::,」は，ボランティアが自発的にくだした判断ではなく，利用者の細かい言葉遣いに表われる，利用者自身の態度を読みとって，それにあわせた反応だと考えられる．まず，4行目で原発のスクリーニングに言及しはじめる際，利用者は，「今度ほら:なんだ(1.5) # あの-」という言い方をしている．この，「今度ほら」という表現は，スクリーニングを，家を出て以来，情報にふりまわされながら，なかなか風呂にも入ることができずに色々な場所を点々とした一連の苦労の，さらなる次の出来事として導入しているように聞こえる．また，10〜11行目では，スクリーニングを受けることを，「調べねんかなんねえっていわっ↑ち:,（調べなければならないと言われて）」と，自分の意思ではなく，第三者に言われて行なったことであることを明確にする．さらに，13行目では，スクリーニングを受けた，という出来事のなかから，（スクリーニングの会場だった）体育館にいた時間が2時間だった，という側面だけを切り取って言及している．利用者の語りの，このような特徴から，彼女にとって，スクリーニングを受けたという経験が，のぞましい，正の価を持つことではなく，混乱していて大変だった，一連の出来事の1コマとして提示されていることが読みとれる．

　ボランティアの反応は，このことを受け止めたうえでの，共感的な反応だと言える．14行目では，「そんなに(h)待ったんですか?」と言って，体育館で待った時間が長かった，という，13行目の利用者の発話の要点を汲みとった問い返しをし，16行目では「あららら」と，利用者が語った内容が，悩ましい，困惑するようなものであったのだという理解を示し，さらに19行目では「大変でしたね::::,」と，利用者の苦労を理解し，それをねぎらう反応をしている．

　事例（1），（2）で見たように，ボランティアの，利用者に対する共感的な反

応は，ボランティアが，利用者が出来事に対してどのような態度を持っているのかを読みとり，それと同じ価の態度をとって反応することによって，達成される．利用者にとって好ましい経験なのであれば，それを好ましいものとして受けとめ，好ましくない経験なのであれば，好ましくない経験として受け止めるわけである．

態度のすりあわせ

　前節でとりあげた事例では，利用者が，経験した出来事に対する態度を明示的，非明示的に表わし，ボランティアがそれと同じ態度をとることによって，共感が達成されていた．しかし，共感は，いつもすんなりと達成できるわけではない．利用者がどのような態度を持っているのかが表わされていないとき，あるいはうまく読みとれなかったとき，ボランティアが，利用者の態度とは食い違う態度を表明してしまい，齟齬が生じる場合もある．本節では，ボランティアと利用者の態度の間に齟齬が生じてしまう仕組みと，それを解消するために，どのようにして態度がすりあわせてゆくかを見てゆきたい．

　事例（3）は，利用者の態度が表わされていない状態で，ボランティアの方から先に態度を表明し，それが齟齬を生じさせてしまうケースである．ここでは，利用者が，自分の住んでいる借り上げ住宅がどこにあるのか，中学生のころ，その近所に住んでいたというボランティアに説明している．4行目で，場所の説明が一段落するが，ここまでの時点で，利用者は，この地域に対して肯定的な態度を持つのか，否定的な態度を持つのか，表わしていない．そして，ボランティアの方から，「あのへんけっこう静かでね:,」（7〜8行目），「静かで↑いいとこですよね:, あのへん.」（10行目）と，肯定的な態度を表わす．

```
(3)
1    利用者：　（　）そばつって あs- あの: そば屋さん
2          　　あんだな？
3    ボラン：　はいはい, ありますね [:,
4    利用者：                     [あすこらへん.
```

```
5    ボラン：   あそう です［か:,
6    利用者：           ［h h h ［h
7    ボラン：→              ［.hh あのへんけっこう
8    ボラン：   静かでね:,［い
9    利用者：           ［あ？
10 ＋ ボラン：→  静かで↑いいとこですよね:, あ［の へん.
11 ＋ 利用者：                     ［静かだよ↑な:,
12   ボラン：   ええ：
13 － 利用者：   <くるまは通ってっけっどな,
14   ボラン：   んん:.
15           (0.2)
16   利用者：   (んん,)
17 － ボラン：   まあでも: ****町((地名))よりはよくな(h)いかな(h)?
18 －          ［H H H
19   利用者：   ［hahha
```

　通常，会話相手が住んでいる地域を良いものとして評価するということは，社会的に好ましいことだと考えられるだろう．しかしながら，このやりとりのなかでは，ボランティアによる「静かでいいとこ」だという評価は，完全には受け入れられない．まず，11行目でボランティアは，「静かだよな」，と，「いいとこ」かどうかには言及せず，ボランティアの評価の前半部分にだけ同意する．ところが，13行目では，「くるまは通ってっけどな,」と，「静か」だということに限定を加える．このことから，利用者が，いま住んでいる地域に対して，全面的に肯定的な態度を持っているわけではないことが伝わる．これを受け，ボランティアは，前述した自分の立場を修整して，利用者の態度と自分の態度をすりあわせることを試みている．17行目でボランティアは，「まあでも: AAAA町（利用者の出身地）よりはよくないかな(h)」と，利用者の出身地を引き合いに出して，そことくらべると，いま利用者が住んでいる場所はよくないかな，と言うことで，利用者との間に齟齬が生じてしまった自分の立場を修整し，利用者の出身地を褒めることで齟齬を埋め合わせようとしているように見える．
　ここで観察されるように，利用者が自らの経験に対する態度を表明せず，ボランティアのほうから態度を表明する場合には，齟齬が生じる場合もある．し

第5章 態度のすりあわせ

かしながら，齟齬が生じてしまったとしても，会話者たちは，その後のやりとりの中でそれを修復する術を持っている．ボランティアは，様々な形で表わされる利用者の態度を読みとり，それに自分の態度をすりあわせながら，共感を達成しようとする．

事例（4）でも，利用者とボランティアの間に齟齬が生じたあと，すりあわせが行なわれている．ここで生じる齟齬の背景には，利用者が，利用者としての立場から，現在の生活を伝えようとする試みがあるように見える．このやりとりは，ボランティアによる「他にどこか行かれたりしたんですか．この夏は．」という質問によって開始される．この質問に対して，利用者は，0.5秒の間の後，5～6行目，9行目で前置きをしたあと，「あの::::: おんせ-<おんせんめぐりした．」と答えている（11行目）．この答えに対し，ボランティアは，「いいですね, おん（ ）」と応じるが，この反応が，そのあとで問題となってしまう．ボランティアは，なぜこのような肯定的な態度を表明したのか，それが，なぜ問題だったのか，検討してみたい．

```
(4-1)
1               (3.0)
2     ボラン:   他にどこか行かれたりしたんですか.
3              この夏は.
4              (0.5)
5   - 利用者: → いや::::: あれですよ,ここにばっかりいらん
6              ないから↓:,
7     ボラン:   まあそおですよ[ね::::,
8     利用者:               [う:ん.
9   - 利用者: → (あの::)(0.4)パニックんなっちゃう( ).
10             (2.0)((ボランティアうなずく))
11    利用者: → あの:::: おんせ-<おんせんめぐりした.
12    ボラン:   おんせん.
13             (0.8)
14  + ボラン: → いいですね,おん( )
15  - 利用者: → ( )温泉に行ったって:,(0.4)みんな被災者
```

| 16 | 利用者: | →ばっかしだ[から,
| 17 | ボラン: |　　　　　　　[あ::::.

　ここでは，利用者にとって，温泉に行ったという経験が，どのような経験だったのかが問題となっている．利用者は，ボランティアの質問に答える前に，「いや::::: あれですよ，ここにばっかりいらんないから↓:,」（5～6行目），「(あの::) (0.4) パニックんなっちゃう(　).」（9行目）と，前置きをしている．この前置きをすることによって，利用者は，このあとに述べられる「温泉めぐり」を，単なる夏の旅行とは異なる性質のものとして提示している．つまり，温泉めぐりを，積極的に楽しみを見出すためのものではなく，否定的に評価された（「パニックんなっちゃう」ような）仮設住宅の生活から離れるための，いわば切実な手段として描いている．そのうえで，「あの:::: おんせ-<おんせんめぐりした.」，と，言いよどみながら答えている．

　この答えに対して，ボランティアは，まず，12行目で「おんせん.」と繰り返すことによって，利用者に，話を続ける機会を与えている．しかし，利用者が続けないのを見て（13行目），14行目で，「いいですね，おん(　)」，と，肯定的な評価をしている．つまり，前置き部分で表わされた，現状が息づまるものだということ，温泉めぐりがそこから離れるための手段として提示した部分には応じず，「温泉めぐり」だけを抜き出して，それに対して，ごく一般的な反応をしている．

　次の利用者の発話を見ると，かれが，ボランティアのこの反応を拒絶していることがわかる．「いいですね」と言ったボランティアに対して，まず，15-16行目で，「温泉に行ったって:,(0.4)みんな被災者ばっかしだから,」と，温泉めぐりが，決して「いい」ものではなかったことを述べる．この発話は，「XしたってYだから」，という形で組み立てられている．この組み立てを使用することで，利用者は，温泉めぐりが，徒労だったと述べているように聞こえる．つまり，仮設住宅での生活から離れるために出かけた温泉めぐりだったが，行った先も被災者ばかりで，息づまる環境からの気分転換とは言いがたい経験だったことを示唆している．

　そのあとに続くやりとりが，事例（4-2）である．

第 5 章　態度のすりあわせ　　　　　　　　　　　　91

(4-2)
```
15   －利用者: →  (  )温泉に行ったって:, (0.4) みんな被災者
16          →  ばっかしだ[から,
17     ボラン:              [あ::::.
18                    (0.2)
19     ボラン:     'っぱ,(.)このへんの:: 温泉は:(.) 避難された
20            方が多い[ん- ですね:.
21     利用者:       [え:ん, 多いから.
22                    (0.2)
23     ボラン:     (へ   [::)
24     利用者:         [んであの:::::::,しょくじも:,(1.0)
25            あれだ:. ¥被災者の人と おな(h)じ しょ(h)くじ
26            だk(h)', ¥
27     ボラン:     あ:.
28                    (0.5)((ボランティア うなずく))
29   －ボラン: →  じゃあ, 代わり映えはあまりしない
30            [ってことですね::,
31   －利用者: →  [ないですね:, そおそお.
32                    (0.5)
33     ボラン:     それだったらもおう:::んとちが↑う↓:,
34     利用者:     え-ええ.
35     ボラン:     南の方に行ったりした方が::, 逆に息抜き
36            とかにはなるんですかね::
```

　ボランティアは，15-16 行目の利用者の発話に対して，「あ::::.」(17 行目)，「'っぱ,(.)このへんの:: 温泉は:(.) 避難された方が多いん- ですね:.」(19〜20 行目) と言って，理解を示す．続いて 24〜26 行目では，利用者は，食事も，被災者の人と同じものだったことを報告する．これを，ボランティアは，27 行目の「あ:.」と，28 行目のうなずきで受けとめる．そして，29〜30 行目で，「じゃあ, 代わり映えはあまりしないってことですね::,」と，「ってことですね」という形を使って，それまでに利用者が述べてきたことをまとめている．これを利用者が「ないですね:, そおそお.」と肯定したところで (31 行目)，やっと，利用者とボランティアの間に共通理解が確立している．

利用者とボランティアの齟齬の元となっているのは，2人が「温泉めぐり」をどのように捉えたか，その食い違いだと言える．利用者が，温泉めぐりを仮設所での生活から息抜きをするための手段として提示していたのに対して，ボランティアは，一般的な枠組みの中で，これを「いい」ものとして捉えて反応した．つまり，利用者は，あくまで避難生活の中の1コマとして温泉めぐりを捉え，避難生活が息づまるものだと語る，そのことの一環として温泉めぐりを提示したが，その枠組みが，ボランティアに共有されなかった，ということである．15行目以降の利用者の発話は，ここで生じた齟齬を解消して，温泉めぐりを仮設住宅での生活の息抜きとして位置づけ直し，さらに息抜きにすらならなかったということを示すためのものとして見ることができるだろう．

非当事者として共感するということ

これまでに見てきた例では，ボランティアは，利用者の報告を聞き，そこに表われる利用者の態度——報告される出来事が，利用者によって望ましいものだったのか，望ましくないものだったのか——を読み取り，それと同じ態度を取ることによって共感を表わしたり，あるいは，自発的に態度を表わしたあとで，利用者のそれにすりあわせていったりしていた．しかし，相手と同じ立場から反応すれば，それが共感的なものになるとは限らない．本節では，相手とは逆の態度をとるということが，むしろ共感的になるということを見ていきたい．

事例 (5) では，利用者が，最近，避難所を出て，借り上げ住宅に入居したことが話題になっている．利用者が入居したのが，仮設住宅ではなく借り上げ住宅であることが1行目から5行目までで明らかになる．そのあと，利用者とボランティアが，それぞれ，借り上げ住宅に対する肯定的な態度を表明する（7行目，9行目）が，そのあと，このやりとりは，興味深い展開の仕方をしている．

(5)
1　　ボラン：　じゃあもう:(.)あ-(0.2)仮設住宅なんですか?
2　　　　　　　借り上げ．
3　　利用者：　借り上げ．

第5章　態度のすりあわせ

```
 4    ボラン:    借り上げ. [あ↑ああ
 5    利用者:              [ん ん.
 6              (2.0)
 7  + 利用者:    仮設でねえからええ.
 8              (0.3)
 9  + ボラン:    ん: よりは いいと 思います よ [:,
10    利用者:                              [↓ん:
11              ええと思うけ[っどな,
12    ボラン:              [ん ん,
13              (0.5)
14  − 利用者:    贅沢は言えないよな,
15    ボラン:    いや:: で[も::
16    利用者:           [ほんと. 贅沢は言えね  [え. hehhe
17    ボラン: →                          [そんなこと=
18         →  =ないですだって↑ね↓::, こ- ひ- 被災者です
19              [から.
20    利用者:    [うん,
21    ボラン:    う:ん,
```

　7行目で，利用者は，借り上げ住宅に対して，「仮設でねえからええ.」と，相対的にではあるが，肯定的な態度を表わす．ボランティアも，これに同意して，肯定的な態度をとっている（9行目）．これは，ボランティアと同じ態度をとることによって，共感を表わす，という，事例（1）と同じ形に見える．しかしながら，このあとのやりとりを見ると，このやりとりには，より複雑な問題がかかわっていることがわかる．利用者は，10〜11行目で「↓ん: ええと思うけどな,」と，借り上げ住宅が，「ええ」だけではないことを予示している．続いて14行目では，「贅沢は言えないよな,」と述べ，借り上げ住宅を，贅沢を言わない限りにおいて良いと言える，その程度のものだと示唆する．つまり，借り上げ住宅に対して，むしろ否定的な態度が表わされており，ボランティアとの間に生まれた見えた合意を，打ち消すような働きをしているのである．この，利用者による態度のシフトは，どういったわけで起きているのだろうか．
　このことを検討するために，9行目のボランティアの反応を，詳しく見てみ

たい．ボランティアは，利用者の「仮設でねえからええ．」という評価に対して，「ん:よりはいいと思いますよ:,」と応じている．利用者もボランティアも，肯定的な態度をとっている，という点で，一致している．また，借り上げ住宅が，仮設住宅との比較において，良い，としている点でも，二人の態度は一致している．しかしながら，二人の発言を比べてみると，ボランティアの発言のほうが，より強く，仮設住宅との対比を強調しているように聞こえる．これは，「よりはいい」という言葉の使い方によるものだろう．また，「思いますよ」と，終助詞「よ」を使うことによって，このことを，自分が相手よりもよく知っていると主張し*，「仮設住宅よりは，（利用者が住んでいる）借り上げ住宅の方が良い」ということを，より確かなこととして提示している．このようにして組み立てられた発話は，7行目の利用者の発話よりも強く，「仮設住宅よりは仮設住宅の方が良いのだ」と主張しているという印象を与える．

*早野は，会話における評価発話で終助詞「よ」が用いられるとき，話し手は，当該の事柄について，相手よりも優先的な知識を持つことを主張していると論じている．

このようなやりとりのあとで，利用者が「贅沢は言えないよな,」，と述べることは，どのような意味を持つだろうか．利用者は，ボランティアの9行目の発話を受けて，「仮設住宅よりはいいのだし，贅沢は言えないよな」，と，言っているように聞こえないだろうか．言いかえると，「贅沢は言えない」という利用者の発言は，ボランティアの発言のなかに示唆されることとして提示されているように聞こえないだろうか．

ところが，この，「贅沢はいえないよな,」，という利用者の発話を，ボランティアは，即座に否定している（15行目，17〜19行目）．このことは，避難生活の当事者である利用者と，非当事者であるボランティアの立場を考えると，ごく理にかなったことのように思われる．利用者自身が，「贅沢は言えない」，ということはできても，非当事者が，相手が苦労を甘んじて受け入れることを期待するような発言をすることは，思慮に欠いた，避けるべきことだと考えられるだろう．つまり，ボランティアの9行目が，「贅沢は言えない」ということを示唆してしまうものであったのだとしたら，それはここで否定しておくべきことな

のである．したがって，15行目以降でボランティアが利用者とは逆の立場をとっているということは，相手に反対して，非共感的な態度を示すものではなく，むしろ，相手の状況を思いやった，共感的な反応の表明となっているということが言えるだろう．

　事例（1）から（4）では，ボランティアは，利用者の態度が，肯定的なものなのか，否定的なものなのかを読み取り，それと同じ態度をとることによって共感的な反応を行なっていた．しかしながら，事例（5）では，同じ価の態度から評価を行なうことが，やりとりの共感的な収束をもたらさず，逆に，共感を表すために，ボランティアが，利用者とは逆の態度から反応をすることもある，ということが示された．このように，相手に共感的な反応をする，ということは，そのときどきで違った形をとる，複雑な営みであり，利用者とボランティアは，やりとりをとおして，お互いの態度，立場を伝え合い，理解し合い，そして，すりあわせることによって，共感を構築してゆくのである．

おわりに

　利用者が出来事／状況について語るとき，ボランティアは，基本的には，相手と同じ態度をとることで共感を表わす．しかし，利用者の態度が明示されなかったとき，あるいははっきりと読みとれなかった場合には，ボランティアは自分から出来事／状況を評価しなければならない．また，相手が態度を表明していたとしても，それと同じ態度をとることが，共感的反応につながるとは限らない．足湯コミュニケーションで相手に共感しようとするとき，他のすべてのコミュニケーションでもそうであるように，相手との間に離齬が生じるリスクがともなう．しかし，利用者とボランティアの態度の間に離齬が生じてしまった場合でも，あとから態度をすりあわせ，共感を構築する，という営みが，繰り返し観察される．そのような営みがあるからこそ，初対面の者どうしであるにもかかわらず，そして，ボランティアは，実際には避難生活を経験していないにもかかわらず，共感が生み出され，充実したコミュニケーションが可能となるのだろう．

（早野薫）

第6章　避難期間の表わし方から読みとれること

　　足湯利用者は，どのくらいの期間を避難所・仮設住宅で過ごしているのかについて，語ることがある．それは，数を使って表わされるが，それでも，ただ「客観的に」期間を報告しているわけではない．細やかな言葉遣いに，避難生活が利用者にとってどのような時間だったのかが表われている．

はじめに

　足湯のなかでよく話題になることの一つとして，利用者が避難所や仮設住宅に入居してからどのくらいたつのか，という，避難生活の期間にかかわるものがある．避難生活の期間に言及するとき，利用者は，さまざまな表現を用いて，その期間が自分にとってどのような期間だったのか，長いものだったのか短かいものだったのかを表わす．また，ボランティアの方も，避難期間がどのくらいだったのかを聞いたときには，それを長いものとして，あるいは短いものとして評価する．

　第5章では，利用者が自分たちの経験について語るとき，多くの場合，客観的な事実関係だけではなく，それが自分にとってどのような経験だったのか，という態度を，直接的，間接的に表わすということが示された．同じことが，期間の表現についても言える．

　同じ避難期間を表わすにしても，「3月からいる」と，ただ日付を述べれば，それが当人にとってどのように感じられる期間なのかはっきりしない．が，同じ「4ヵ月」という数字を用いるにしても，「もう4ヵ月もいる」と言えば，そこで過ごしてきた期間が自分にとって長いものであったという態度が表され，逆に，「まだ4ヵ月しかいない」と言えば，短いものであったという態度が表わされる．一方，避難所や仮設住宅での避難生活という状況下では，そこで過ごした期間に対してどのような態度をとるかということには，避難生活そのものに

対するさまざまな思いが反映しうる．本章では，利用者とボランティアの会話のなかで，避難生活の期間がどのように表わされ，それが会話のなかでどのような働きをするのかに焦点をあてる．

期間表現に表われる利用者の態度

　避難期間への言及は，しばしば，ボランティアからの質問によって始まる．事例（1）では，ボランティアが，利用者が住んでいる仮設住宅への入居が決まった時期を尋ねている（1行目）．この質問に対して，利用者は，おそらく質問がよく聞き取れなかったために，入居が決まった時期ではなく，入居した日を述べようとし（3, 4行目），途中でそれをやめ，入居してからたった期間を述べている（6〜7行目）．この答えは，シンプルに質問に答えようとしているものに聞こえるが，それでも，利用者がこの期間をどのようなものとして捉えているか，態度が表われているように感じられる．

```
(1)
1    ボラン：   .hh いつごろ決まったんです↓か．
2              (.)
3    利用者：   ええ::: ここへ来たのはね:, [0.2) え:::
4    ボラン：                           [((うなずく))
5    利用者：→ ちょうど-(.)そうだ↑ね::,=い:っとう 先だから, (0.4) あ:::
6          → 三月-sh-sh-(しが-)(0.5)(ともかく::::) 一ヵ月- 二ヵ月
7          → んなりますね:,<(やく ここに)
8    ボラン：   あ:[:::
9    利用者：      [(ええ)
10             (2.0)
11   利用者：   したら:: ↓: とにかく ****((地名))の方に
12   ボラン：   はい．
13             (0.2)
14   利用者：   え:: 一応 (1.0) お::::: あれして ([  ]．
15   ボラン：                                 [ひなんしてて=
16   利用者：   =(で来)ました．
17   ボラン：   ああはい．
```

第6章 避難期間の表わし方から読みとれること

　利用者は，5行目で，入居時期を答えようとする際，まず，「い:っとう 先だから」と，入居した時期が，一番早かったことを示唆している．また，入居時期を答えようとすることを途中でやめ，入居してからの期間を述べる形にきりかえるが，その際，「一ヵ月-二ヵ月んなります」，と，「～になる」という表現を使う．「一ヵ月-二ヵ月です」と言うのではなく，「～になる」という言い方をすることで，ある程度まとまった期間が経過したことを示しているように聞こえる．この二つの表現によって，この利用者が仮設住宅で過ごしてきた期間が，「長い」ものとして提示されているように聞こえないだろうか．

　逆に，事例（2）では，ボランティアは，仮設住宅で過ごしてきた期間を「短い」ものとして提示しているように聞こえる．2行目でボランティアが，利用者に「もう けっこう こちらも ながいん↓です↑か?」と質問する．これは，利用者が，この足湯が行なわれている場所である仮設住宅に入居してから「長い」のか「長くない」のかを尋ねるものだ．この質問に対する答えの組み立てをとおして，利用者は，この仮設住宅に入居してからの期間が，自分にとってどのような期間だったのかを示している．

```
(2)
 1                    (4.4)
 2   ボラ1: →    もう けっこう こちらも ながいん↓です↑か?
 3   利用者: →   いや ここへね::(.) 仮設に 来<て> まだ:(0.4)二十日::?
 4                    (0.4)
 5   利用者:     [[ああ にじゅう:: さん に↓ち.あたし せんげつの =
 6   ボラ1:      [[>s'したら<
 7   利用者:     =[にじゅう しちに越して 来た↓の
 8   ボラ1:      =[( さん n'ち↓:) [[あ↓あ::::: [::
 9   ボラ2:                       [[ああ あぁ:::  [::
10   利用者:                                   [ん:::ん
11   ボラ2:     それまでは また べつん とこ[にいた(°ん です↓か°)
```

　利用者は，まず，「いや」と言って質問に答え始めることにより，自らの答が「長い」ことの否定であることを，まずは示す．続いて，「まだ」という表現を

使って，この仮設に入ってから日が浅いと捉えていることを示す．そのあと，「20日（はつか）」という具体的な数字を出す．こうして，利用者は，「20日」という期間に対する，「長くない」あるいは「短い」という自らの態度を明らかにする．このやりとりは，震災が起きてから5ヵ月後の，8月に行なわれたものだ．そのタイミングで，現在暮らしている仮設住宅で過ごした20日という期間を短いものとして捉えるのは，ごく自然な，当たり前のことのように感じられるかもしれない．しかしながら，同じ状況で，20日という期間を，「（つい最近引っ越してきたように感じるが）もう20日もたつのか」と，長いものとして捉えることも，同じように可能なはずである．

　ある期間を長いものとして捉えるのか，短いものとして捉えるのかは，人によって，また，そのときにどのような観点から期間を捉えるのか，などの要因によって変化する．利用者は，さまざまな表現を用いて，避難期間が，自分にとってどのような期間だったのか，長く感じられるようなものだったのか，短く感じられるようなものだったのか，相手に伝えているのである．

会話の活動と避難期間に対する態度

　事例（1），事例（2）では，避難生活の長さにかんするやりとりは，ボランティアからの質問によって開始されていた．避難期間にかんする質問は，ボランティアが，利用者の暮らしぶりに対する関心を示し，利用者からの語りを引き出すのによく使われる，一般的な質問であるようだ．しかし，ボランティアから尋ねられていなくても，利用者の方から避難期間に言及する場合がある．この節では，利用者が自ら避難期間に言及するとき，それがどのような態度を示し，会話上，どのような働きをするのか検討したい．

　事例（3）では，利用者が，避難所で過ごしてきた4ないし5ヵ月という期間を，長いものとして提示している．これは，単に4, 5ヵ月という期間が「客観的に」，誰にとっても長いものであるからということだけではないように思われる．この事例に先立つやりとりのなかで，利用者が，避難生活中に絵を描いていることが話題となり，絵を写真に撮ったものをボランティアに見せていた．ここでのやりとりは，それについてのボランティアの質問（1行目）をきっかけに始まる．

第 6 章　避難期間の表わし方から読みとれること　　　　　　　101

(3)
1　ボラン：　　いいですね:. (.) 画用紙と色鉛筆ですか.=それは
2　　　　　　　(.)
3　利用者：　　これはね:, (0.8) あの話せばすご:く ながいんだ この-
4　　　　　　　(0.5)
5　ボラン：　　なんですか↓:
6　利用者：→　話せばね:,［すごくながいの.=ここに よ- 四ヵ月 =
7　ボラン：　　　　　　　［んん,
8　利用者：→　= ＞まるまる 四ヵ月いる＜ で↑しょ:?
9　ボラン：　　んなんか もちょっと 手 ちから 抜いてください? (0.2) ↓はい
10　利用者：　　ここに上げても いいんだ:.
11　ボラン：　　ん［ん, だいじょぶだいじょぶ］
12　利用者：　　　［よんかい: よ-　　　］
13　利用者：→　四ヵ月 g- 過ぎたでしょ?=もう 五ヵ月で↑しょ:?=
14　ボラン：　　=は: ↓い
15　利用者：　　＜そのね:,＞ (0.4) この::: なんて言うの. 今までの出来事-
16　　　　　　　歴史がね:, ず:::っと つまってんの.
17　　　　　　　(0.2)
18　ボラン：　　お絵描きちょうにですか?
19　利用者：　　う:ん
20　ボラン：　　絵で記してんですか?=
21　利用者：　　=絵で記してんの.
22　ボラン：　　へ［:::

　ボランティアは，1行目で，「いいですね:.」と言って利用者の絵を描くという行為を肯定的に評価し，続けて「画用紙と色鉛筆ですか.=それは」と，その絵を描くのに何を使ったのか，尋ねる．これに対して利用者は，3行目で，「これはね:,」と，自分が質問に答えようとしていることを示しながら反応しはじめる．ところが，利用者は，そのあと質問に答えていない．代わりに，「話せば長い」と，簡単には答えられないと述べる．いわば，これから「長い話」を行なうことを主張している（実際には，その「話」は，必ずしも，質問への答とは聞けない．すなわち，絵に使った道具のことは答えていない）*．そして，5行目のボランティアの「なんですか」という質問は，その「長い話」を促すものと聞くことができるだ

ろう．それに応じて，6行目で（3行目の発話の一部を繰り返した後），利用者は，「長い話」を開始する．

> *このように，質問された内容とは異なるが，それに関連した内容を，「答え」として述べる，というやり方は，第4章で検討した，話題を利用者の方から導入するための手法の一つだと言えるだろう．

その導入部分で，利用者は，「ここに よ- 四ヵ月 >まるまる< 四ヵ月いる< で↑しょ:?」（6, 8行目）と述べる．このとき，最初に「よ(んかげつ)」と言い出したのを一旦中断してから言い直し（「四ヵ月」），今度は「まるまる」という表現を加えて，「>まるまる四ヵ月いる< で↑しょ:?」と言っている．この言い直しは，最初に言った「四ヵ月」が誤っていたために行なわれた「訂正」ではない．それでも，わざわざ言い直してまで「まるまる」という表現を足すことには，会話上の重要な働きがあると考えられる．ここで利用者が行なおうとしているのは，避難所に訪れる人びとの絵を描いてきたという，「話せば長くなる」「歴史」を振り返って語る，ということだ．このとき，振り返られる期間は，振り返るだけの長さを持つものとして提示されなくてはならない．同じ四ヵ月という期間でも，これをただ「四ヵ月」（あるいは「四ヵ月ぐらい」「たったの四ヵ月」）ではなく，「まるまる四ヵ月」ということによって，この期間が長いものであること，そして，歴史を振り返るのにふさわしい，ある程度のまとまりのある期間が過ぎたのだ，ということを主張しているように聞こえる．

さらに，利用者は13行目で，「四ヵ月 g- 過ぎたでしょ?=もう 五ヵ月で↑しょ:?」と，過ぎた期間が，もう五ヵ月だと言っている．この利用者が，実際，どれだけの期間をこの避難所で過ごしているのかは分からないが，いずれにせよ，「もう五ヵ月」と言い加えることで，ここでの期間を，長いものとして提示しようとする一貫した態度が表れている．

もちろん，避難所で過ごす4ヵ月ないし5ヵ月という期間は，一般的に考えても，非常に長いものだと言うことができるだろう．それでも，「振り返ってみればあっという間だった」という捉え方も，当然あり得る．利用者は，そのような解釈の余地を聞き手であるボランティアにゆだねるのではなく，さまざま

第 6 章　避難期間の表わし方から読みとれること

表現をとおして，自分の（その期間は十分長いという）態度を表明している．そして，そこで表明される態度は，絵を描き続けてきた「歴史」を語るという，そのときに進行中の会話の流れに合致した形でなされる．

　事例（4）でも，同じことが観察できる．事例に先立つやりとりの中で，利用者は，自分は犬を飼っているが，現在は，ボランティアに預かってもらっていることを話した．それに対して，ボランティアは，じつは自分も利用者の犬を預かるボランティア活動をしていると述べた．そして，ボランティアは，次の事例の1行目で，自分が預かっている犬たちが，飼い主が迎えに来ると喜ぶということを話す．利用者はこの発話を「でしょうよね::::」と言って受け止めてから（3行目），4行目で，「だけ↓どさ」，と，自分の場合は違うのではないかということを話し出す．

```
(4)
 1   ボラン：    なんかね:::, おわ- あの:  飼い主さん迎えに来↓ると::,
 2              よろこぶの[みんな_  [ん::::::ん
 3   利用者：              [でしょう [よね::::
 4   利用者：→  .h だけ↓どさ (.) ↓もう こ(↑)三月（みつき）も
 5           → はなれたら↑どうだろうとおもっ↓て
 6   ボラン：    なん- な[ん'↓かげ↑つ::?
 7   利用者：            [わすれてん↓じゃない:?
 8   ボラン：    ああ:: で↓も:: いや |.hhh |[h
 9                                 |(0.6)| [
10   利用者：→                             [>もうみつきぐらいになる
11              ↓よ s(↑)(ね) 今<(.h) ハがつでしょ↑:
12              (.)
13   ボラン：    >ん::: [ん ん ん<
14   利用者：          [いち=さん::: y- し:: ご:: ろ↓く .h (↑)やっぱ↓り
15              み[つき ↓(  )
16   ボラン：    [.hhhhhh
17   ボラン：    [[  ん::::::]:::[::
18   利用者：    [[(↑)ね::::: ] [¥忘れてん↓じゃない¥ か(h)し(h)↓↓ら(h)=
19              = hehehehehhhhh
```

4, 5, 7行目で，利用者は，ボランティアが預かった犬たちの場合とは違って，自分の場合は，犬が自分のことを忘れているのではないかという懸念を表わしている．このとき，犬と離れて暮らしている期間への言及は，犬が自分を忘れることの原因としてなされている．つまり，3ヵ月という期間は，犬が自分のことを覚えているには長過ぎる期間として提示されていることになる．実際，利用者の発話の中では，「もう」，という表現，そして，「三月（みつき）も」という表現が用いられており，利用者が，この3ヵ月を長いものとして捉えていることが示されている．続いて利用者は，愛犬と離れている期間が本当に3ヵ月なのかどうか，月を数えて確認している（10, 11, 14, 15行目）．ここでも，「もうみつきぐらいになる↓よs(↑)(ね)」と，「もう」という副詞と，「〜になる」という言い方を用いることで，3ヵ月という期間を長いものとして提示している．ここで，犬と離れて仮設で暮らしてきた期間への言及は，懸念を語るという行為において，懸念を正当な懸念として示し，際立たせる働きをしていると言えるだろう．

　事例（3）では5〜6ヵ月という期間が，そして事例（4）では3ヵ月という期間が，さまざまな表現をとおして，長い期間として提示されていた．これは，客観的に見て，5〜6ヵ月という期間が，あるいは3ヵ月という期間が長いから，そのような言及された，と考えることは出来ない．同じだけの期間でも，楽しかった時間として振り返る場合のであれば，「あっという間に過ぎたもの」として提示されるだろう．利用者が避難期間に言及するとき，それは，そのとき，語り全体，あるいは発話全体をとおして相手に伝えようとしていることに合わせ，それに適した一部分として，利用者の態度を表明するよう組み立てられている．

ボランティアによる期間の評価

　これまでに見た事例では，利用者自身が避難生活の期間に言及し，それが自分にとって長いものだったのか，短いものだったのか，さまざまな表現をとおして示していた．一方，ボランティアの方が，利用者の避難生活の長さを聞いて，それを長いものとして，あるいは短いものとして評価することもある．ボランティアによる期間の評価は，当事者である利用者の態度に同調するもので

第 6 章　避難期間の表わし方から読みとれること　　　　　105

あることもあれば，そうでないこともある．この節では，ボランティアが利用者の避難期間の長短を評価している事例を取り上げ，その評価のよりどころがどこにあるのか，そして，評価することが，その後のやりとりにどのような帰結をもたらしているかを，検討したい．

　事例 (5) では，利用者が避難所にいた期間が話題になっている．利用者の方からは，その期間が長いものだったのか，短いものだったのか，積極的には態度を表明していない．しかし，ボランティアは，その期間を利用者にとって長いものとして評価し，その評価に対して，利用者も同意する．このやりとりが，どのようにして成り立っているのか見てみよう．

　この会話は，避難所で行なわれている．下に引用したやりとりに先立って，利用者が，じつは一週間前にこの避難所を出て，いまは別の場所に住んでいると語っている．この日は，この避難所で一緒だった他の人が避難所を去る日だったため，見送りにきたというのである．そして，この避難所は，震災直後は人がたくさんいて，押し入れで寝なければならないような状態だったこと，しかしその後どんどん人が減っていったことが語られる．1 行目のボランティアの質問は，新たなやりとりを開始している．

(5)
1　ボラン:　→　最初にいらしたときは↓: じゃあ- さん月からもう あの- [s-
2　利用者:　→　　　　　　　　　　　　　　　　　　　　　　　　　　[そ=
3　利用者:　→　= ↓さんが↑つ::
4　ボラン:　　　n は:[い
5　利用者:　→　　　[十↑きゅうに来たん↓す(けどもね)
6　ボラン:　→　あ(.) [じゃあ もう s-
7　利用者:　　　　　 [最初は *** ((地名)) に いたんです け↑ど↓:,
8　ボラン:　　　はい は↓い
9　　　　　　　 (0.4)
10　利用者:　　で:
11　ボラン:　　ええ
12　　　　　　 (.)
13　利用者:　　こっちのほ↓う

```
14  ボラン:   [は:い
15  利用者:   [(あれ) 親戚の ひとんち に いたんですけど:
16  ボラン:   はい
17            (.)
18  利用者:   やっぱり: いつまでも いれなくて:
19  ボラン:   ああ::::: そうです ね[:::
20  利用者:                    [¥気:つかって¥
21            (0.4)
22  利用者:   で: こっちに: [おやだちがはじめ来たんで[:,
23  ボラン:             [いらした          [はい, はい(はい)
24  利用者:   こっち:: 入れてもらっ゚て゚
            ((中略: 別の利用者に子どもの投げたボールが当たり,
             それにかんするやりとりが続く.))
25  ボラン: →  でも じゃあ ながかった
26         →  です ね [::: かな↓り::: ほんと[↓に::
27  利用者: →         [ながかっ↓たす::   [さいごまで いちゃいまし↓た.
```

1行目で，ボランティアは，「最初に いらした ときは↓: じゃあ- さん月から もう あの-」と問いかけている．この発話の前半部分は「最初に いらした とき」の様子について尋ねようとしているようだが，途中で軌道が変わり，後半部分で，利用者が3月の時点からこの避難所に入っていたのかどうか尋ねている．この「質問」は，最後まで発話されていないが，避難所に入った時期についての答えを引き出そうとするものとして理解することができる．

> *ウィリアム・ラボブとデイヴィド・ファンシェルによって，たとえ質問という形式をとっていなくても，相手に属する情報に言及する発話が，相手からの情報を引き出すことが示されている．

この質問の中で「もう」という副詞を使うことで，ボランティアは，利用者が3月に避難所に入所したのであれば，それは早い時点での入所だと考えていることを示している．つまり，3月という早い開始点から，この会話の一週間前（7月末）に至るまでの4ヵ月という，長い期間をこの避難所で過ごしたのか

第6章　避難期間の表わし方から読みとれること　　　　　　　107

どうかが，問われている．この質問を，利用者は「そ（そう）」(2行目) と肯定し，その後で，入所した日の日付を述べている (3, 5行目)．この反応で，利用者はボランティアの態度（早いうちから避難所に入ったのだということ）を受け入れてはいるが，積極的に自分から態度を表わすことはしていない．そして，7行目からは，避難所そのものに入った時期についてではなく，そこに至るまでの経緯を説明している．

　このやりとりは，いったん，子どもにボールをぶつけられた他の利用者が大声を出したことで中断され，その後，25行目で，ボランティアによって再開される．このときボランティアは，「でも」で発話を始めている．第7章で示すように，そうすることによって，それまでのやりとりを総括するコメントを開始している．また，「じゃあ」と言うことによって，これから自分が述べようとしていることが，これまでに利用者が述べたことから導き出されるものであることを予示する．このように，先行するやりとりとのつながりを示したうえで，「ながかったです ね::」と，利用者が避難所で暮らした4ヵ月という時間を，長かったものとして評価している*．

　　　*ここで，ボランティアが，避難所に入るまでの経緯についての語りには触れず，避難所
　　　にいた期間について言及しているという点の考察については，第7章を参照されたい．

　利用者が，この期間に対する態度を明示していないにもかかわらず，このように相手の態度を代弁するような言い方で評価する，ということは，ある意味では，リスクをともなうことだろう．4ヵ月という期間が，利用者にとっては，「あっというま」に感じられる可能性も，十分にあるからだ．しかし，ボランティアはここで「長かったですね」という評価を述べている．ここでこのような評価が出来た背景には，この会話がなされている際の，利用者の状況がかかわっているのかもしれない．前述したように，利用者は，一週間前に，すでにこの避難所を出ている．したがって，「押し入れで寝なければならない」ような大変な生活は，もう終わったことである．そのような状況で，相手が避難所で過ごした期間を「長かったですね」と，過去形で評価するということは，とりあえず一区切りした苦労をねぎらうことにほかならないだろう．それは，相手の態

度と一致したものであるかどうかということは別にしても，共感的な，協調的な行為だと言えるだろう．

利用者はこの評価を，即座に肯定している（27 行目）．しかも，ただ肯定するのではなく，「長かったす」，と自ら言い直すことで，「長かった」という評価が，まさに自分が抱いている評価だということを示す*．さらに，「さいごまで いちゃいまし↓た．」と言って，避難所に最後までいたということが，望ましいことではなかったことを示唆している．こうして，ボランティアの「長かったですね」という評価と，そこに含意されたねぎらいを受け入れている．

*エマニュエル・シェグロフは，相手の発話を繰り返して肯定することは，そこで述べられている見解が，相手によって提案されたものではなく，すでに自分が有していたものだと主張する手段であることを示している．

次に検討したい事例（6）でも，同じことが言える．下の事例に先立って，利用者は，仮設住宅にばかりいると「パニックに」なってしまうこと，息抜きのつもりで行った温泉宿が避難所になっていたために息抜きにならなかったこと，仮設住宅でも色々と企画をすれば良いのだろうが，それが実現していないことを述べている．それを受けて，ボランティアは，1～2 行目で「でも-(0.2) 代わり映えのない- ね:: 毎日ん:なっちゃって::，あれですよね::」と言う．これに対して利用者は，「（ちょっと-）(1.2)（あの）同じとこに（.）三回も (1.4) お: 行ってましたね，」（4～5 行目）と応じる．これは，ボランティアの言う「代わり映えのない」生活を，自分が実際に送っていると示唆しているようにも聞こえる．ボランティアは，この発話を「あ:::．」と受け止め（6 行目），2 秒の沈黙（7 行目）をへた後，利用者が現在住んでいる仮設住宅に移って長いのかどうか，質問する（8 行目）(14 行目でも述べられているように，利用者は，このやりとりが行なわれた時点で，2ヵ月近くこの仮設住宅に住んでいる)．

(6)
1　ボラン：　　でも-(0.2) 代わり映えのない- ね:: 毎日 ん:=
2　　　　　　　= なっちゃって:あれですよね::
3　　　　　　　(0.5)

第 6 章　避難期間の表わし方から読みとれること　　　　　　　　　109

```
 4  利用者：   （ちょっと-）(1.2)(あの) 同じとこに (.) 三回も (1.4)
 5            お:行ってましたね,
 6  ボラン：   あ:::.
 7            (2.0)
 8  ボラン：   もうここの: 仮設に移って長いんですか:?
 9            (0.2)
10  利用者： → い↑や↓:=ここは::::,＜六月の:::,＞(0.5) い:ちにち.
11  ボラン：   あ::::
12  利用者：   ｡んん,｡
13            (0.2)
14  ボラン： → ＜じゃ もう 二ヵ月[ちかくに なるんですよ[ね::?,
15  利用者：              [((3 回うなずく))   [((2 回うなずく))
16            (7.0)
```

　利用者は，ボランティアの「もうここの: 仮設に移って長いんですか:?」という質問に，「いや」と，否定しながら答え始める（9 行目）．この仮設住宅に移ってからの 2 ヵ月という期間を，自分が長いものとは捉えていないことを示している．そうして自分の態度を表わしておいてから，具体的に，彼が仮設住宅に移った日にちを述べている．ところがボランティアは，この答えに対して，「じゃ もう 二ヵ月近くに なるんですよね::?,」（14 行目）と応じている．ここで，ボランティアは，「もう」という表現と，「二ヵ月近くになる」という言い方をとおして，利用者がこの仮設住宅で過ごしてきた期間にたいして，利用者とは異なる態度，この 2 ヵ月という期間を，「長いもの」として捉える態度を表わしている．
　第 5 章で見たように，共感的な反応をするということは，基本的には，相手と同じ価の態度を表明することによってなされる．また，当事者である利用者が，そこでの生活がどのくらい続くのか分からない状況で，仮設住宅にいる期間を短いものとして捉えているのに，ボランティアが長いものとして評価するということは，齟齬を生じさせる行為のように感じられる．にもかかわらず，ここでボランティアは利用者とは異なる態度を表明しながら反応しているのは，どういったわけなのだろうか．これは，ボランティアの 8 行目の質問を，その前のやりとりを受けたものとして捉えると，理解できるように思う．8 行目以

前で，利用者は，仮設住宅での暮らしが代わり映えしないものだと話している．ボランティアの質問は，そのような生活が，どのくらい続いているのかを尋ねるものであり，相手の苦労を理解しようとする試みの一環としてなされたものだと考えることができる．そのような観点から捉えるならば，利用者が2ヵ月を短いものとして，したがって苦労の対象ではないものとして提示しているにもかかわらず，ボランティアがこれを長いものとして受け止めているのがどういうわけなのか，理解することができよう．14行目のボランティアの発話は，利用者の態度とは逆の態度をとってでも，相手の生活ぶり，苦労を理解しようとする会話上の試みを実現するためのものではないだろうか．利用者が，ボランティアが自分とは逆の態度で2ヵ月という期間を受け止めているにもかかわらずこれを問題視せず，うなずくことで受け止めているのは，このようなボランティアの取り組みを理解してのことではないだろうか．

まとめ

　本章では，利用者が，避難所や仮設住宅で過ごしてきた期間が，足湯ボランティアとの会話のなかでどのような形で言及されているのか，それにより，その期間の長さについてどのような態度が表わされているのかを検討した．避難の長さに言及するとき，利用者はただ数字で事実を述べるわけではない．避難期間の長さへの言及は，特定の観点から捉えられ，長く感じられるようなものとして，あるいは短く感じられるようなものとして提示される．あるいは，そのときに自分が行なおうとしている活動に適合した形で，避難生活に対する態度を表わすよう組み立てられる．また，ボランティアが相手の避難期間に対する態度を表わすときには，それまでのやりとりのなかで利用者が述べてきたことを汲みとったうえで，相手がしてきた苦労への理解を示したり，それをねぎらったりするということが観察された．

　もちろん，避難生活がどのようなものであるのかについて，利用者がより明示的に，言葉を尽くして語ることもある．有名人が沢山訪れる，楽しいことがあるものとして語られることもあれば，人が密集している，寒い，あるいは代わり映えのない，大変な生活として語られることもある．一方で，避難生活の長さへの言及は，そのように明示的に語るということをせずに，態度を暗示的

に，発話の中に「埋め込んだ」形で示す手段だ．この手段を用いることにより，利用者は，自分にとって避難生活がどのようなものなのか，必ずしもそこに焦点を当てることなく，あるいは他の事柄に焦点を当てながら，表わすことが出来る．ボランティアの方は，直接的に避難生活について話し合うのではなく，その長さだけに焦点を当て，それを長いものとして評価することにより，「大変でしたね」などと言うよりは間接的な形で相手に対するねぎらいを口にすることが出来る．つまり，避難生活の長さに対する言及は，利用者にとっても，ボランティアにとっても，相手の生活やそこにある苦労を直接話し合うのではなく，いわばクッションを置いて話すということを可能にしていると言える．初対面の相手との会話のなかで，自分の，現在進行中の苦労について語ったり，相手の苦労をねぎらったりすることは，何か抵抗が感じられるのではないだろうか．避難期間の長さへの言及は，そのような抵抗を感じることなく，自分の境遇を伝えたり，相手の境遇に対する共感の念を伝える機会を，会話者たちに与えているのかもしれない．

（早野薫）

第7章　飛び越えの技法
──「でも」とともに導入される共感的反応

　　共感は，直前の発話に対してなされるとはかぎらない．共感は，少し
　前の発話に向けられることもある．直前の発話を飛び越えて共感する
　技法である．共感しづらい発話がなされたときも，この技法を用いれ
　ば，共感的な態度を失うことなく，その発話に対する共感をあとに持
　ち越したり，あるいは回避することさえできる．

共感のジレンマ

　これ以降の章において，ボランティアが用いている「共感の技法」を明らかにしよう．ここで言う共感とは，次のようなものである．第5章で検討されたように，足湯利用者の発言には，しばしば，正か負の態度が，ときには明確に，ときには暗黙のうちに示される．この発言に対して，この正負の値と一致する値の態度を示す反応がなされるとき，この反応を「共感」（もしくは「共感的反応」）と呼ぶことができよう（第5章で示されたように，自己卑下的な発言の場合など，正負の値を逆転させた反応のほうが，共感的であることもある）．

　ところで，しばしば，足湯ボランティアに携わっている人たちから，「被災者の皆さんから，厳しい体験を聞き，なんと応えていいかわからなかった」ということを聞く．この困惑の背景には，相手の語ったことをどう受け止めるべきかにかかわる，一般的な困難があるように思う．

　その困難は，いくつかのジレンマという形で表現することができよう．第8章でも紹介されるジョン・ヘリテッジが指摘する困難も一つのジレンマとなりうるだろう．辛い経験が語られたとき，私たちは，それに心からの共感を示したいと思う．が，自分が経験したことのないような辛い経験に対して，相手に受け入れてもらえるような（白々しくない）共感を示すことはできるだろうか．反対に，ありふれた経験が語られたのであれば，自分の経験と容易に引き合わせて共感を示すことができるだろうけれど，それはしょせんありふれた経験だ

から，心からの共感を表わすことが期待されているとはかぎらない，と．つまり，ほんとうに共感を必要としているような発言にかぎって，それに対する共感を示すのが難しい，というジレンマである．

この他にも，共感にはさまざまなジレンマがかかわっている（これらについては，そのつど触れていく）．本章に続く章は，これらのジレンマを解決するための道筋を示すものではない．むしろ，ボランティアたちが，この逃れがたいジレンマに直面しながら，それをどう乗り越えているかを，明らかにしようとするものである．本章では，ボランティアたちの，そのような共感の技法の一つを取り上げる．それは，「直前の発話を飛び越える技法」とでも呼べるものである．

直前の発話を飛び越えた反応

共感的反応は，必ずしも，直前の発言に対してなされるとはかぎらない．例えば，事例（1）においては，（ボランティアの）共感的反応は，直前の発話以前の（利用者の）発話に向けられているように見える．事例（1）の冒頭部分では，利用者が，自分の犬を遠方に住むボランティアに預かってもらっていることを話している．9行目でボランティアは，自分のことについて何かを言いかけるが，それとほとんど同時に，利用者が，自分の犬のことについて，新たな話を始める．以前，5匹の犬を飼っていたけれど，いまは2匹だけが残っているということが，そこで語られる．ボランティアは，それを22行目で情報価値のあるものとして受け止めたあと（「ああ そう:::」），続けて（24行目で）残っている犬の年齢を聞く．その答のあと少し間があって，30行目でボランティアは，非常にはっきりした評価を行なう（「でも ↓あず↑かってもらっ↓て よ↑かった↓ね:」）．

(1)
1　利用者：　(°°しかしね:: 年寄りは°°) °助か↓る°
2　　　　　　(.)
3　利用者：　やっぱり生き↓もんだからね:::
4　ボラン：　(ふ):: [::::::ん
5　利用者：　　　　[たい変で↓す↑よ:

```
6   ボラン:   ん::[:::ん
7   利用者:       [(ふ):::んん
8             (0.6)
9   ボラン:   あ[たしも-[ん?
10  利用者:     [まえ↓は[ね 五:↑:匹↓ぐらい飼ってた=AAA((地名))
11            にい[たと↓き
12  ボラン:       [え? いぬ:::?
13  利用者:   ん い↓ぬ:
14  ボラン:   え え::::[::
15  利用者:           [ん::ん[だけど↓も]病気になった↓り::ね .h
16  ボラン:                [す::ご↓い ]
17  利用者:   やっぱ と し くっ↓て亡くなっ↑たり し[↓(た)
18  ボラン:                                  [う*:::[::::n
19  利用者:                                       [°°んん°°
20  利用者:   'んで ちょう::ど二↓匹残って↓↓た °°の°°
21            [[(ん::んん ん::↓ん)
22  ボラン:   [[ああ そう:::
23            (0.6)
24  ボラン:   何歳↓ぐらいの犬なんです↑か?
25            (0.2)
26  利用者:   いま生きてん↓のがね:::↑<八歳>[↓か↑な
27  ボラン:                            [ああ: そう::
28  利用者:   八歳↓と 二歳 ↑は↓ん
29            (2.4)
30  ボラン:→  でも ↓あず↑かって もらっ↓て よ↑かった↓ね [:
31  利用者:                                     [ん:?
32  ボラン:   預かっても [らっ↓てよ↑かっ↓た:
32  利用者:           [↑そうな ↓の:(.h)
```

いくつか観察できることがある.

第一に，1行目で利用者は，犬を預かってもらうことは，年寄りには「助かる」と語っている．この表現（「助かる」）には，犬を預かってもらっていることに対する正の態度が示されている．30行目の，ボランティアによる評価的発言

（「よかった」）は，利用者の，この 1 行目に示されている態度と同じ値の（正の）態度を示すものである．その意味で，この発言は，典型的な共感的反応と言える．

第二に，この反応は，直前の発言に対するものではない．この事例に先立つやりとりにおいて，利用者が自分の犬を「ひとに頼んでいる」と語ったのに対して，ボランティアは，「↓預かって もらって↑るん↓だ:」と受け止めている（この部分は，あとで事例 (4) として引用する）．事例 (1) の 30 行目の反応は，ここから「預かってもらって」という部分を引き出してきたうえで，それに対する反応として構成されているように見える．

第三に，30 行目冒頭の「でも」という表現は，いわゆる「逆接」の接続詞として機能しているわけではないことに注意したい．犬の年齢が「八歳と二歳半」であることと，「預かってもらってよかった」ということは，普通の意味で逆接の関係になっていない．「でも」という表現によって，利用者は，むしろ，直前の発言を飛び越えて，以前のやりとりに戻ることをしているように見える．

「でも」の働き

このような目でさまざまな事例を見たとき，共感的反応における「でも」は，逆に，一見逆接に見えても，じつは，逆接とは違った働きをしている可能性がある．

次の事例 (2) は，事例 (1) の数分後のやりとりである．利用者は，預かってもらっている自分の犬たちが，他のたくさんの犬と一緒にされているために，去勢されたということを話し始める．そして，利用者は，12～13 行目と 16～17 行目で，明確に，その犬たちに同情を示す（「>そん↓なこと (↑)し なくたって↓と<おもうんだけ↓ど」「そん↑まま↓に (↑)して↓て (↑)もらえば いい↓のに ↑ね:」）．が，ここで，ボランティアは，とくに明確な共感的反応をするわけではない．そのあと，21 行目で利用者は，規則だからしょうがないと，いわば諦念を表明する．その後（省略した部分で）しばらくボランティアが，個人で預かっているところではそんなことはしないようだ，と語ったあと，23 行目で，利用者は，ふたたび「しょうがない」と述べる．しかし，こんどは，「べつに殺されるものじゃないから」と，（最悪の事態と比べると）「まだましな」側面に言及する（23, 25, 27

第7章　飛び越えの技法

行目）．やや間があいて，ボランティアは，29 行目で非常にはっきりした共感的な反応を行なう（「いまさらと おもっ↓ちゃうよ(↑)ね で↓も↑ね::↓」）．

(2)
```
 1  利用者:   そし↓たら:(.hh)°あの: な:んだと思った↓ら:
 2           調↑整するん↓だっ↓↓て:°
 3  ボラン:   ↓え?
 4  利用者:   °いぬ↓の↑ちょう整する↓んだっ↓↓て↑よ°
 5  ボラン:   °ああ そうな[↓の:?°
 6  利用者:              [°たくさんいる↓から:↑ほ↓ら(.)↑そんなか
 7           に入れておく↓と
 8           (.)
 9  ボラン:   °°ああ ああ あ↓あ°°
10  利用者:   うちのは おすなの↓よ::
11  ボラン:   あ*::::::[:::::ん
12  利用者:            [°>そん↓なこと ↑しなくたって↓と< おもうん
13           だけ↓ど[↑さ:: やっ↓ぱり ↑ね:       ]
14  ボラン:          [ああ*::::::::::::::]::
15           (.)
16  利用者:   そんまま↓に↑して↓て↑もらえば いい
17           ↓のに[↑ね:
18  ボラン:       [m ああ::::::[::
19  利用者:                   [痛い°おもいさし° °°↓て°°
20           (0.2)
21  利用者:   まあ しょう↓がない↑ね:: そうゆう[規そく↓だっ↓↓たら
22  ボラン:                                [.hhh
             ((9行省略))
23  利用者:   ん だから しょうが↑ない=べつに [殺される °°もの°° =
24  ボラン:                              [°°°°こっち(かわ)°°°°
25  利用者:   =°°°じゃ°°° °°°°ない-°°°°
26  ボラン:   °°°( です)ね?°°°
27  利用者:   (°°°ないからいい↓や°°°)
28           (2.8)
29  ボラン: → いまさらと おもっ↓ちゃうよ↑ね で↓も↑ね::
```

```
30   利用者:     そ↓うね[:
31   ボラン:         [ん:ん
32              (1.4)
33   利用者:     °°い↓い気持↑ち°°
```

確かに，一見，この 29 行目の「でも」は，殺されるわけじゃないからいいけれど，「でも」いまさらそんなことしなくてもよい，というように，逆接の働きをしているようにも見える．しかし，この共感的反応が共感しているのは，12〜13 行目と 16〜17 行目の（とくに 12〜13 行目の）利用者の発言に対してであることは明白だ．

実際，29 行目のボランティアの共感は，その点で際立っている．第一に，「思う」という表現は，12 行目の利用者の発言でも用いられている．第二に，「いまさら」という，12 行目の「そんなことしなくたって」に直接つながるような表現が，あえて選ばれている．つまり，29 行目のボランティアの共感は，12〜13 行目の利用者の発言につながるよう，あえて構成されているように見える．

このように考えると，この共感的な反応が，「でも」を後ろにともなっていることの意味の一端も見えてくるように思う．発話の冒頭に「でも」を置いたとき，それは，まずは逆接の「でも」と聞かれるかもしれない．あえて「でも」を後置することは，この表現（「でも」）を直前の発話から引き離すことにより，それが直前の発話に直接結びつかないようにするための工夫でありうるだろう（もちろん，これを証拠にもとづいて明確に示すためには，同様の事例をもっとたくさん検討しなければならないだろうが）．

直前の発話を飛び越えた共感は何を成し遂げているのか

事例 (2) では，もし 13 行目の直後に，ボランティアが（29 行目のように）共感的な反応を行なうならば，自分の犬のことで嘆いている利用者の悲しみをより深くすることになりかねない．だからといって，規則だからしょうがないと，反論めいたこと（すなわち，非共感的なこと）をボランティアが言うのも憚られるにちがいない．つまり，13 行目の直後は，利用者が示した（負の）態度に対するなんらかの反応があってもよい場所が用意されているにもかかわらず，共感

も非共感も行ないにくい場所になっている（ここにも一つのジレンマがある）．実際，14行目では，ボランティアは，引き伸ばされた「ああ」を発することで，まずは情報を受け止めるための反応を行なっている（この引き伸ばされた「ああ」には，たしかに，単に情報を受け止めること以上のこと，すなわちなんらかの態度の示唆があるかもしれない．しかし，それでも，それがどのような態度であるかは，ここでは明確に語られることはない．この点については，第10章も参照のこと）．

29行目でボランティアが，12〜13行目に対する共感的反応を行なったのは，利用者本人が，「殺されるわけではない」という，いわば「まだましな」側面に言及したときである．すなわち，「嘆き」が弱められたときに，その嘆きの対象に対して共感的反応がなされる．このように，タイミングを見計らいながら，共感をあとに持ち越すための技法が用意されていると言えよう．ただし，「直前の発話を飛び越える技法」の相互行為上の意味は，これだけではない．この点を，さらに明らかにしていくために，もう一つ事例を見ておこう．

要点に対する共感的反応

次の事例（3）の直前では，避難者は一人息子が，忙しいなか，無理して自分のいる避難所に訪ねて来ること，仕事のあといろいろ用事を済ませてくるため，ひどく遅くなったりすることについて，語っている．1行目のボランティアの質問（「さびしくない↓ですか なん↓↓か::」）に対して，避難者は，最初「全然」と全面的な否定を行なったあと，6行目以降，やはり夜いないとさびしい（11行目と14行目）と述べ，さらに「やっぱり .hh <いないよりいたほう↓が> ↑いい↓な」（24行目）と述べていく．26行目でボランティアがそれに同意したあと，1.4秒の間が空く．そのあと，ボランティアは，「>°え でも°< 息子さん し↑あわせですよ」と明確な（正の，すなわち肯定的な）態度を示す（29行目）．この発話も，「でも」によって導入されている．

(3)
1　ボラン：　　.h さび̠しくない↓ですか なん↓↓か::
2　　　　　　　(1.8)

3	避難者:	ええ::: ぜ::ん↓[ぜ::ん (辛くも) な↓い
4	ボラン:	[ぜ(h)ん(h) ぜ(h)ん(hhh)
5	ボラン:	.hh[h
6	避難者:	[うちの子は↓ね: [ち↑いさいときから１人 =
7	ボラン:	[は:い
8	避難者:	= で: 育って い [るから↑ね?
9	ボラン:	[↓んは:い
10		(.)
11	避難者:	↓だから .h ↓↓夜:(h)↑よく↑ね? ↓いないと↑ね?
12	ボラン:	は:い
13		(0.2)
14	避難者:	<↑ちょっ↓と> ↑寂しいってゆう↓か
15	ボラン:	ああ::: ああ:↓:::
16		(0.6)
17	避難者:	>誰もいない_< ん? [い↓つ↑も ほ↓ら
18	ボラン:	[そうで↓すよ↑ね:::
19	避難者:	三にんで 暮らして↓や↑か↓[ら
20	ボラン:	[ん:::ん
21	避難者:	１人でこっちに来て↓から↑ね:?
22	ボラン:	ん::::ん
23		(0.6)
24	避難者:	やっぱり .hh <いないよりいたほう↓が> ↑いい↓な
25	避難者:	[[ahah hah hah hah hah hahhhh
26	ボラン:	[[uHEH HEH HEH HEHhhhhhh .hh ￥そうです
27		↓よね:: やっぱ↓り↓↓ね:::: ん::::↑::ん
28		(1.4)
29	ボラン: →	ﾟえ でもﾟ< 息子さん し↑あわせです↓よ=なんか
30		[( ) ↑hihyehhh
31	避難者:	[いい↓え
32	避難者:	結構 優しいんだ↓よ:
33		(.)
34	避難者:	[[a hah hah hah hah hah hah hah h h h h ↓h h h
34	ボラン:	[[あ↑あ ￥ほんとですか:￥ ahah hah hhhh .hhh

しかしながら，この事例が引き出されているやりとりのどこにも，29行目の共感的発話が反応している元の発言を特定することができない．実際，31行目の避難者の発言（「いい↓え」）からも示唆されるように，避難者自身，自分の息子が幸せだと語ってはいない．

じつは，本章でとりあげた共感的反応は，直前の発言に反応したものではないというだけではなく，これまでの一連のやりとりの要点をつかみ出し，それに反応したものだと言えるように思う．それは，要するに「犬をボランティアに預かってもらえた」（事例(1)）ということ，要するに「自分の犬が去勢されてしまった」（事例(2)）ということ，要するに「自分はなにかと息子のことを気にかけているんだ」（事例(3)）ということ，これらの「要点」に反応しているように思う．

実際，事例(3)の29行目のボランティアの発話においてボランティアは，とくに「し↑あわせです↓よ」の末尾に「↓よ」を付すことで，自分のその評価（この利用者の息子が「しあわせ」だという評価）には強い根拠のあることを主張している．一方，この利用者と初対面であるこのボランティアにとって，その根拠は，利用者の一連の発言のなかにしかありえない．つまり，29行目のボランティアの発話は，直接，それが反応している発話が特定できないとしても，それは，利用者の一連の発言によって引き起こされたものとして組み立てられている．そのかぎりにおいて，それは，やはり共感的「反応」と呼ぶべきだろう．この共感的反応は，先立つ一連の発言より，実際に言葉として語られていないことを引き出し，それに反応したものにほかならない．

ちなみに，29行目のこの共感的な反応は，「でも」の前に，「え」をともなっている．林誠は，質問が「え？」により導入される事例を検討し，このような質問が，直前のやりとりを飛び越えて，先立つやりとりに結びつくものであることを，明らかにしている．29行目のボランティアの発話は，質問ではない．が，29行目冒頭の「え」も，直前のやりとりを飛び越えることを示唆するものであるかもしれない．だとすれば，「でも」は，直前のやりとりを飛び越える以上のことをするための工夫と言えるかもしれない．つまり，（相手の）先立つ一連の発言の「要点」をつかみ出し，それに反応していること，このことを示すのが，「でも」の役割なのかもしれない．この節で検討したのは，その可能性である．

総括のための技法

このように見るならば，事例 (1) も，単に直前の発話を飛び越えているだけではなく，同時に，「預かってもらえてよかった」ということを，避難者のこれまでの発言の要点として取り出していると言えよう．言いかえれば，そのような「よかった」話として，避難者の一連の発言を総括していると言えるだろう．実際，ボランティアは，事例 (1) に先立ち，同趣旨の発言を行なっていた．

```
(4)
1    避難者:    (s)ひと たのんで↓る
2    ボラン:    あ そ[うな↓んだ:: ]
3    避難者:        [ ↑ん:::↓ん   ]
4              (.)
5    ボラン:    ↓預かって もらって↑るん [↓だ:
6    避難者:                          [ボランティア
7              ↓の か[た ↓↓に (  )
8    ボラン:          [あ ↑°そうなん↓だ [:°
9    避難者:                          [↑°ん::[:::↓ん°
10   ボラン: →                              [°あ=じゃあ
11             よかった:::°
```

ここでは，ボランティアは，避難者が犬を「ボランティアのかたに」「頼んで」預かってもらっていると語ったところで，すぐに (10 行目) 共感的な反応を行なっている．つまり，事例 (1) の場合，事例 (2) と異なり，すぐに共感的な反応ができなかった事情があったわけではない．つまり，共感的な反応のための適切なタイミングを見計らいながら，それを持ち越したわけではない．そうではなくて，避難者の犬にかんするこれまでの一連の発言を，(いま話が犬の年齢などに，いわば「脱線」したものの) あくまでも「預かってもらってよかった」ことにかんするものとして，総括しているように見える．

「要点」ではなく，「総括」というとき，次のようなことを想定している．すなわち，さまざまな要点がありうるとき，あえて特定の側面に注目し，その側面のもとにこれまでの一連の発言全体をまとめあげる，というようなことであ

る．事例 (3) の場合，ボランティアが「要点」として取り出したことは，利用者の一連の発言のなかで，はっきりと言葉で表現されてはいなかった．それに対して，事例 (1) では，利用者の一連の発言のなかで実際に言葉で表現されたことのうち一つを選び出し，そのもとに，一連の発言全体をまとめている．この意味の総括は，次の事例 (5) にも見ることができる（この事例については，第 6 章の分析も参照）．このやりとりは，2011 年の 7 月下旬のものである．

```
(5)
1   ボラン：   最初にいらしたときは↓: じゃあ- さん月からもう
2             あの- [s-
3   避難者：        [そ
4   避難者：   ↓さんが↑つ::
5   ボラン：   n は:[い
6   避難者：      [きゅうに来たんす (↓けどもね)
7   ボラン：   あ(.) [じゃあ もう s-
8   避難者：         [最初は BBB ((地名)) にいたんです↓けど
9   ボラン：   はい は↓い
10            (0.4)
11  避難者：   で:
12  ボラン：   ええ
13            (.)
14  避難者：   こっちのほ↓う
15  ボラン：   [は:い
16  避難者：   [(あれ) 親戚のひとんち に いたんですけど:
17  ボラン：   はい
18            (.)
19  避難者：   <やっぱり: いつまでもいれなくて:
20  ボラン：   ああ::::: そうです ね[:::
21  避難者：                      [¥気: つかって¥
22            (0.4)
23  避難者：   で: こっちに:
              ((中略: 避難者は，こうして現在の避難所に入ったということを述
              べるが，別の避難者に子どもの投げたボールが当たり，それにか
```

```
24   子ども：   でぶ パパ  でぶ[パパ
25   ボラン：→         [でも じゃあ ながかった
26         →   です ね[::  かな↓り::: ほんと[↓に::
27   避難者：        [ながかっ↓たす::   [さいごまで いちゃい
28             まし↓た.
```

　ボランティアは，1行目で，（途中で発話の進行を変えながら）「三月からもう」と，避難者が3月からずっとこの避難所にいたのか聞こうとしている．「もう」と，すでに入居の「長さ」を含意する言い方になっている点に注意しよう．それに対して，避難者は，4行目と6行目で，「三月十九」と日付（長さに対しては中立的な表現）で答えている．7行目で，ボランティアは，ふたたび「もう」と，その長さに焦点を当てている．ところが，11行目以降，避難者は，「で」と自らの返答の続きを語り始める（「応答の拡張」［第4章］を行なっている）．そのなかで語られるのは，19日にこの避難所に入居するまで，親戚の家にいたけれど気を使ってたいへんだったということである．ボランティアが，3月19日（地震の起きた3月11日から8日後）を地震が起きてすぐと捉えているのに対して，避難者のほうは，地震後の一週間の，いわば苦労話に焦点があるように見える．

　しかしながら，25〜26行目におけるボランティアの，「でも」によって導入される「共感」は，避難者の4行目と6行目の返答と11行目以下の「応答拡張」を一括りにして，「長い避難所生活」にかんするものとして総括している．そこでは，11行目以下に語られた親戚の家での苦労話は，むしろ飛び越えられ，自分の元の質問に直接答えている部分のもとに，全体がまとめられているように見える．

　もちろん，ボランティアがこのような形で共感的反応を行なったのにはわけがあるだろう．ボランティアは，いわば，自分が無難に共感できる側面を取り出している．家族で着の身着のまま親戚のうちに転がり込んだとき，たとえ一週間であってもどのような気苦労があるか，ということよりも，避難所での4ヵ月に及ぶ長い生活がどれだけ大変か，ということのほうが，端的に「長さ」という点において，誰にでも理解しやすい．実際に理解しやすい，ということだ

けでなく,「4ヵ月の避難所暮らし」の大変さは誰にでも理解できるものと,誰にでも理解できる（その大変さは,実際に避難所生活の経験のないボランティアにも理解できると,避難者にも理解できる）．それがゆえに,避難所暮らしの経験のない者でも,つい数日前まで避難所生活を行なっていた避難者に対して,「4ヵ月の長さ」の含意する困難に対して,無難に共感することができるはずである．実際,親戚の家の一週間の気苦労について,そのような経験のない者が「大変でしたね」と共感することは,むしろ,ほんとうにわかっているのかという疑義を生じかねない．実際,27行目で利用者は,「長かった（で）す」を繰り返すことで,ボランティアの総括を承認しているように見える．

まとめ

　共感には,いくつかのジレンマが逃れがたくまとわりついている．強い負の（否定的な）態度を示す発言に対して,同調的であることも非同調的であることも難しい場合があった．あるいは,共感の権利にかかわるジレンマがあった．自分が経験したこともないような過酷な経験に,共感する権利はあるのか,という問題にボランティアは,しばしば直面する．本章で見てきた技法は,直前の発話を飛び越えて,一連の発言の要点を取り出し,あるいは一連の発言を一つの要点のもとにまとめ上げ,それに反応する技法である．このような技法が私たちの文化のなかに用意されていることによって,私たちは,共感のジレンマをなんとか乗り越え,なんとか共感的な反応を行なうことができる．例えば,事例 (2) のボランティアは,負の態度が弱められるのを待つことができた．事例 (5) のボランティアの行なったことは,同じ経験を持たない者である自分自身がそれでも共感するこのできる側面を,しっかりつかんでおくことだった．あるいは,事例 (1) のボランティアが行なったことは,とにかく,「明るい側面」として誰にでも理解できる側面（すなわち,預かってもらえてよかったという側面）をつかんでおくことだったかもしれない．

　本章では,「でも」という表現（発話の冒頭に出現することもあれば,発話の末尾に出現することもある）を手がかりとしながら,一つの共感の技法を検討した．しかし,重要なことは,あくまでも,「直前の発話を飛び越えた共感」のやり方が用意されているという事実である．「でも」という特定の表現形式そのもの

が重要なのでは，決してない．実際に，いろいろな事例を調べてみると，「でも」をともなわずに直前の発話を飛び越えて共感するやり方もあるかもしれない．ともあれ，直前の発話にではなく，これまでの一連の発言の要点を総括する共感の技法は，共感にまつわる様々なジレンマを乗り越えるための一つのやり方であることは，まちがいない．

（西阪仰）

第8章 経験の固有性を認める共感

ある人の経験は，他人にも似たような経験があるとしても，まったく同じ経験にはならない．すべての経験はそれぞれに固有なものである．ボランティアは，足湯利用者の語る経験を，まさに固有なものとして扱うことがある．本章では，ボランティアがどのように経験の固有性を認めているのかを探る．

はじめに

　足湯を受けながら，利用者はさまざまなことを語る．津波の被害にあったこと，原発事故による避難のため避難所を転々としたことなど，自身が当事者として経験したことから，テレビや新聞で見聞きしたことなど，自分が直接かかわっていないものまで多様である．利用者は，そうした語りや報告のなかで自分の態度を表明し，聞き手であるボランティアが，利用者の態度によりそった共感的応答をしていることは，すでに第5章で見た．本章でも，このような共感的応答の技法の一つを見ていきたい．

　じつは，聞き手が語り手に共感を示すためには，語り手と聞き手にとってそれぞれ別の課題解決が必要となる．第7章でも触れたように，ジョン・ヘリテッジは，これを，語り手と聞き手双方にとっての困難として議論している．例えば，誰かの話を聞いた時に，共感を示したいと思う一方で，話の内容が自分で経験したことのないようなものだったり，全く知識がないものだったりして，どう反応すればいいのかわからないと思った経験がないだろうか．足湯で語られる避難生活や津波の被害にあった経験なども，実際にそれを経験していない者にとって，容易に共感を示しにくいかもしれない．

　一方，たとえ似たような経験があったとしても，いつもそれを引き合いに出していいわけでもない．例えば，身内を亡くして悲しんでいる人に対して，自分も同じ経験があるからわかると言うのは，時にはよいかもしれないが，そも

そもいま悲しんでいる人にとっては，自分が感じている悲しみは自分にしかわからず，他人とはわかちえないものだと突っぱねられるかもしれない．ハーヴィ・サックスが，経験の権利について論じている講義のなかで述べているように，個人の経験は，当事者に固有なものである．そのため，たとえ似たような経験があったとしても，当事者の経験を尊重するならば，共通経験として提示しないほうがいい場合があるのだ（対照的な現象が第9章では報告されている）．このように，ある経験（自分の経験であれ他者の経験であれ）の語りにおいて，特有なもの（他人とは容易に共有しえないもの）として経験が提示されるような語りの性質を，本章では「固有性」と呼びたい*．

*なお，語り手が語られる経験の当事者である場合は，語り手と当事者は同じであるが，語り手が見聞きした第三者の経験談を話す場合，当然のことながら，語り手と当事者は異なる．

また，経験の固有性は，語り手にとっても同様に困難になりうる．第7章でも述べられているように，ある経験を自分だけに限った，固有性の高い，特別なものとして語ると，聞き手にとって，共感しにくくなる．逆にありふれた，固有性の低い経験として語ると，聞き手に共感は必要ないと思われるかもしれないという，板挟みになってしまう．

以上のように，共感にまつわる相互行為上の課題には，語り手が経験の語りをどう組み立てるかという課題と，聞き手がそれにどのように応答するかという課題の二つが存在するように思う．本章は，利用者による経験の語り（利用者が非当事者のものも含め）がどのように組み立てられ，それをどのようにボランティアが受け止めているのか，実際のデータに即して見ていく．これは，前述したような共感にまつわる困難を，利用者とボランティアが，どのように解決しているのかを読み取っていく試みでもある．

とくに注目したいのは，利用者が，鮮明な描写を使ってある出来事や，見聞きしたことを語る際，ボランティアは，利用者の態度をどのように見ているのか，また，その語りの内容が誰にとっての経験であると判断しているのかというような点である．その際，ボランティアが，利用者の経験の固有性を尊重す

第 8 章　経験の固有性を認める共感

る事例が見られた．それはまた，当事者（語り手自身である場合もあれば，前述したように，第三者の場合もある）の経験の尊重でもある．本章では，そうした共感的応答の手法について検討していく．

経験の固有性を認める応答

　利用者が，自分の過去の経験や，避難所生活での出来事，見聞きしたことを語ることがある．そうした語りにおいて，登場人物の行動や場面の描写が，鮮明かつ詳細であったり，内容そのものが強烈であるなど，ありふれた経験談としてではなく，固有性の高い話として提示される場合がある．

　事例（1）では，避難所生活を送っている利用者が，ある人物が，津波にあって，親を目の前で流されてしまったことについて話している．この話の直前では，元々この利用者が住んでいた町の，ある個人家屋の復旧について話されていた．その話が一段落ついたところで，いったん 6 秒間の沈黙が続き，利用者がその事件について語り始める（1 行目）．3 行目の「自分のあのおっかを」という語り始めは，直前の話の個人家屋の家主のことであることが，そのタイミングから理解されうる一方で，沈黙を挟んだこともあり，リアルタイムで聞いているボランティアにとっては，誰についての話であるかはわかりにくいまま展開していく．この語りは，短い「物語り」として組み立てられている．ここで言う「物語り」とは，ある出来事を時系列に即して（複数の発話を用いて順序だてて）会話のなかで語る行為である．この節では，そうした物語りに対するボランティアの反応を検討したい．そして，ボランティアの最終的な反応が，利用者による物語りの内容に対して調整した結果であることを示したい．そのために，まずはその物語りの部分に注目してみていこう．

(1)
1　利用者：　°ん::°=
2　ボラン：　=°また-°=
3　利用者：　=[自分の↓::(.) #あの::#おっか↑を,こう:-(.)↑波来たべし↓た,
4　　　　　　[（（利用者，左前を見ながら，左手で人を引っ張るジェスチャー；
5　　　　　　ボラン，利用者を見る））

6		(.) ((ボランうなずく))
7	利用者:	がれきが:は:[あるからなんぶ-((利用者，左手でがれきを表現する))
8		((2行省略))
9	利用者:	[こ-手-((利用者，再び，左手で人を手を伸ばして掴む動作))
10		(.)
11	利用者:	<u>自</u>::分がせ::いっぱいやって<[<u>な</u>みくんのよ.=((利用者，ボランを見る))
12		[((利用者，左手で頭の上に波の高さを示す))
13	ボラン:	=う:ん.((ボラン，5~6回うなずく))
14	利用者:	んでおや- こう- (0.4) >なんぼかさわったんだ<けっ↓ど::,=((利
15		用者，左手を伸ばしたまま))
16	ボラン:	=う:ん.((ボラン，2~3回うなずく))
17	利用者:	はずれちゃって，[親はなが- 流されちゃた.
18		[((利用者，手を引き戻し，「流され」のところで
19		手を払う動作))

　3行目で開始された物語りは，ジェスチャーを使用しながら，クライマックスとも言うべき17行目に向けて，徐々に描写が詳細しくなっていく，とくに14行目と17行目ではその時の状況が鮮明に表現されている[*]．まず，3行目と7行目で，登場人物（「おっか」）と場面（「波来た」，「がれきが:は:ある」）が導入されている．3行目の「自分のおっか」は，誰の母親なのか，これだけでははっきりわからない言い方になっている．この「自分」は，利用者本人としても理解しえるし，誰か別の第三者（直前に語られていた家屋の家主）としても理解しえる．

　　[*]チャールズ・グッドウィンは，『行為のなかの時間』という論文で，語り手が，ジェスチャーを語りのなかで，発話とともに使用することで，聞き手にとって，クライマックスが予測可能になる事例を分析している．そこでは，その予測可能性のゆえに，結局そのクライマックス自体は語られないままになってしまう．事例（1）でも，3行目以降，語り手は左手によるジェスチャーで，人物の動きや，その場の状況を再現し，14行目と

17行目のクライマックスを予測可能なものにしているといえる．そのため，聞き手であるボランティアは，それが終わった直後に適切な受け止め（(2)の19行目）をしている．

その後，9行目と11行目で，「こ- 手-」「自::分がせ::いっぱいやって」「なみくんのよ．」と，「自分」の動作（9行目）や波の高さ（12行目）を左手で表現しながら，状況を説明している．14行目から17行目にかけては，クライマックスで，登場人物（語り手本人かもしれないが）の一連の動作（何回か手で親をつかもうとしたが，手が外れてしまった様子）を，言葉とともに左手を使って細かく再現している．このように，この物語りは，言葉と左手による動作やジェスチャーで，クライマックスに向けて詳細さを増し，ありふれた話としてではなく，固有性が高いものとして語られていると言えるだろう．

この間，ボランティアは，あいづちをうち，聞き手として振る舞いながら（13行目，16行目），利用者の語りに合わせている．17行目のクライマックスで，物語りはいったん完結したように聞くことができる．ボランティアはどのようにこの物語りを受け止めているのだろうか．続きを見ていこう．

(2) [(1)の続き]
```
20  ボラン: →  #ああ::::.#（(沈痛な面持ちで)）
21           (0.8)（(利用者とボランティアともにうなずき，視線を互いにそらす)）
22  利用者:   テレビで[いっしょけんめ, (0.2)こう(.)¥やっとった¥.（(互いを見る)）
23           [（(マイクを片手に持つジェスチャー)）
24           (0.2)
25  ボラン:   アナウンサー来て?=
26  利用者:   =う::ん.=
27  ボラン:   =#ふ:::ん.#（(利用者とボラン視線を互いにそらす)）
28           (0.8))
29  利用者:   °↓だ::けど, もう, なあ°（(ボラン，一度利用者を見る)）
30           (0.2)（(ボラン，視線を落とす)）
31  ボラン: →  こんなねえ,=（(視線を再び手元に戻す)）
```

32	利用者：	=[°ん::.°((左斜め前を見ている))
33	ボラン：→	=[.hhh((1回深くうなずき，左斜め前を見やる))
34	ボラン：→	こんなこと人生の中で起きると#思わない[ですよね::.#((#-#吐息混じりに))
35		[((利用者を見てうな
36		ずいて，手元を見る))
37	利用者：	°ん::↑ん.°((利用者うなずく，ボランもうなずく))
38		(2.0)((ボラン，手元に視線を落とす))

　ボランティアは，20行目および31, 33, 34行目で二度共感的な反応を行なっている．この二つの反応がそれぞれどのように産出されているか，検討しよう．

　まず，物語りが完了した直後の20行目でボランティアは，「#ああ::.#」と，沈痛な面持ちをし，低い音程で，音調も下降気味な，態度表出語（このような語については，第10章で詳しく取り上げられているのでそちらも参照されたい）で，いったん語りを受け止める．このような受け止めは，何に対して，あるいはどのようにということが，言葉により明示されることがない．しかし，それでも，利用者の物語に対する態度に合わせ，先ほどの話を深刻に重く受け止めたことを端的に示しているといえる．

　続く22行目で利用者は，今の話が「テレビ」のものであることを述べる．これは，20行目のボランティアによる反応への抵抗と見ることができる．すなわち，「いっしょけんめ」や「¥やっとった¥」など，第三者の行為について言及する言い方をし，その経験が自分のものではない（つまり自分がテレビでインタビューされたことの報告ではない）ことを伝えようとしているように聞こえる．たしかに，この語られている事件の当事者が誰なのか，これだけで明確にするものではない．しかし，あえて，物語の時系列に属さない（物語の外部にある）発話を，物語り完了後に産出した点に注意したい．20行目のボランティアの応答は，利用者の物語を深刻に受け止めたことを示していた．その深刻さは，語り手である利用者がこの事件の当事者であるという理解に基づいている可能性がある（後日ボランティア本人に，実際に確認したところ，誰の話なのか確信がもてなかったということであった）．22行目の利用者の（「テレビ」云々の）発話は，その含意を否定するためのものと言えるだろう．

第 8 章　経験の固有性を認める共感

　25 行目で，ボランティアは，利用者の 22 行目の発言に対して確認を求めているが，積極的に事件の当事者が誰であるのかを明らかにしようとはしていない．しかも，それが確認されたあとも，「ふ:::ん.」と言うのみで，利用者の物語をどのように理解したかを言葉で明らかにするような応答はしていない．そして利用者は，29 行目で「°↓だ::けど，もう，なあ°」（文末表現の「なあ」で終了し，声量は小さく，音程も低い）とこれまでの一連の発言に再度区切りをつける．そのため，この発話のあと，ボランティアに，再び応答の機会がまわってくる．
　この機会において，ボランティアは，「こんなねえ,.hhh こんなこと人生の中で起きると # 思わないですよね::.#」（31, 34 行目）と，ため息のような呼気を間に挟みながら，二度目の共感的反応を行なう．こんどは，態度表出語によるものではなく，言葉を用いた反応となっており，何をどう受け止めたかを，明確にしている．すなわち，それは，「人生の中で起こり得ない，想像しがたい出来事」として，この事件を重く受け止めたことを示している．
　一方，この応答は，第 5 章で見たような，「ああ，よかったですね」などと異なり，評価表現を用いていない．このことは，どのような意味を持つのだろうか．この応答の組み立てにはいくつかの際立った特徴がある．
　第一に，「こんなねえ,.hhh こんなこと」と，「この」ではなく，「こんな」という言い方によって，言及対象を個別のものから広げて，一般化している．つまり，たったいま語られた「この」話だけに限った応答ではないことを示している．第二に，「人生の中で起きると思わない」と述べることで，いま語られたことが，想像を超える出来事だと言っている．つまり，直接的な評価表現は用いず，対象を記述的に特徴づけている．
　この二つの特徴をあわせて考えることで，この共感的反応が，どの点で，（「よかったですね」のような）評価表現を用いる共感的反応と根本的に違うかが，明らかになるだろう．この反応の直接的な対象は，いま語られた事件そのものには，向けられていない．つまり，一般化されたこの事件「のような」こと全般に向けられている．そして，その対象にかんする述部において評価表現を避けることで，元の物語に含意される語り手の態度（事件への負の態度）と同じ態度を，あからさまに示すことを避けている．それは，この物語で語られた事件のような話は，誰にも想像しがたい出来事であり，容易に評価できる類のもので

はないと捉えていることの表明でもあるといえよう．つまり，ボランティアは，利用者の態度への直接のかかわりを避けることで，この経験の固有性を認めている．そのような捉え方をすることによって，語り手である利用者に対して配慮を示しているのだ．

　それだけではない．その経験を，想像しがたい，稀有な出来事と捉えることは，とりもなおさず，この事件の当事者の経験を尊重することでもあるだろう．

　この応答によってなされていることをまとめておこう．1) 個別の事例に対し言及することを避けること，2) 語り手の態度に合わせた評価を行なうことを避けること，3) 語られた経験を稀有で想像しがたいものとして尊重すること，以上により，ボランティアは経験の固有性を認め重んじていると言えるだろう．

　このやりとりでは，利用者が提示する，ある被災経験の語りに対して，ボランティアが，語られた経験の当事者は誰なのか，また自分自身はどのような立場から応答すべきなのかに敏感に，それぞれの反応を組み立てていた．一般化することは，個別の経験の固有性を弱め，ありふれたものにしてしまう可能性がある一方で，本事例のように，経験の固有性を認めることは，それ自体が共感的に働き，語り手である利用者にも，また事件の当事者にも配慮した応答が可能になる．それによって，似たような経験を持たない場合に，どう共感を示すかというような困難が乗り越えられていたのではないだろうか．

差異に言及する応答

　前節では，利用者によって語られたある人物の被災経験の語りに対して，その経験の固有性を尊重することで，当事者の経験への配慮を示す共感的応答が，ボランティアによってなされていたが，同様の展開は他でも起こりうる．次に検討しようとする例は，前節で検討したものと同様，当事者の経験を尊重する共感的反応を含むが，そのやり方は，いま検討したものとかなり異なっている．いま見てきたものが，「一般化の技法」と呼べるとしたら，次のものは，「差異化の技法」とでも呼べるようなものである．

　事例 (3) の直前，利用者が，震災当日，海辺でゴルフをやっていて，その地域は全滅の被害を受けたこと，また津波の高さは 10 メートルはあっただろうというようなことを話している．ここでは，津波の第三波が大きかったという

第 8 章　経験の固有性を認める共感　　　　　　　　　135

話に発展し，津波について利用者が見聞きしたことをボランティアに語り聞かせるようなやりとりになっている．そして第三波が，原発に被害を及ぼしたのだという，このやりとりの主要な部分が語られると（1～3行目），ボランティアは，4行目でまず「ああ::::::」という態度表出語による応答で，利用者の述べたことを，自分が知らなかった情報として受け止めている．

```
(3)
1    利用者：    んで二波で-(.)↓二波でたいでいやられ:↓h(.)ど'
2                 三波: こんど:でかいのきて, あ原発のやつやったあれ
3                 第さん波だか↓ら
4    ボラン：→  ↓ああ::::::((ボラン，視線を手元に落とす))
5                 (2.8)((ボラン，マッサージの手元から利用者を見て，また視線を
                   落とす))
6    ボラン：→  たいへんですよ↓ね:: ↑ほん::と↓に
7                 (2.0)
8    ボラン：→  [[自分たちもたいへんだとはおもったんですけども::(.)
9                 [[((首をかしげる動作))
10            →  >でも< そうゆう話聞く↓と::(1.2) hhhehehhh .hhh hh
11                (1.0)((ボラン，一瞬利用者の顔を見る))
12   ボラン：→  ¥ちょっと: ちょっと:¥ (0.8)[まだまだ 自分は u-:-:- e-
13   利用者：                                  [ん::::ん
14   ボラン：→  しあわせだったな::っておもい¥ま s'よ[↓ね:¥
15   利用者：                                        [ん:::ん
16                (1.0)
```

4行目のボランティアの受け止めは，情報として利用者の語りを受け止めていると同時に，その真剣な表情と，低い音程で，音を引き伸ばした言い方で，深刻な態度によって受け止めたことを示している．その後，2.8秒の長い間を挟んで，利用者がこれ以上語りを続けないことが明らかになると，今度は6, 8, 10, 12, 14行目でことばを用いて共感的態度を示すような応答を行なっている．じつは，この事例よりも前に，地震当日の話をしているところで，利用者自身は，津波を直接自分では「見ていない」ことをはっきり述べている．一方，ボ

ランティアは，そのとき利用者がいた海辺のゴルフ場の付近一帯は全滅の被害にあったことなどを聞き，話を聞いている自分まで辛くなってくるぐらいだから，辛かったら話さなくても良いと述べ，利用者の語りを，当事者の語りとして，非常に重く深刻に捉えていた．そのあとも利用者が津波の高さや，どう海岸に迫ったのかについて語りを続け，ボランティアがこの二つの共感的応答をするに至っている．そのことを念頭に，6行目以降の応答の仕方について見ていこう．

　まず，6行目で，「たいへんですよ↓ね::」と現在形が使われていることに注目したい．事例（3）では割愛したが，直前の利用者の語りでは一貫して過去形が使われている（「(津波が)(でっぱり) きちゃったな」などのように）．したがって，この現在形による発話は，直接直前の発言に対するものとしては聞けない．さらに，早野の相互行為上の認識論にかんする研究によると，「よね」という文末表現は，この評価（「たいへん」ということ）が独自の経験に基づくことを表わす．おそらく，この早野の観察がここでも成り立つだろう．つまり，何をもって自分の経験に引き寄せたような評価がいまここでなされているのかの説明が，次に展開していくことを予測させる．

　そして，8行目で，ボランティアは，「自分たち」の話をしていく．これ以降のボランティアの発言の特徴をいくつか確認しておこう．第一に，ここでの「自分たち」は，誰のことを指しているのだろうか．「自分たちも」と「も」をともなって，「たいへんだ」と言っているところから，この「自分たち」は，利用者がこれまでに語った状況にはない，自分自身を含むそのような大きな津波を経験していない者たちのことを指しているだろう（このボランティアは地元の青年であり，地震の被害や影響は多少なりとも直接に受けていることは話していたが，津波被害を直接受けたかどうかについて話す場面はこのやりとりにはなかった．この点を踏まえておく必要があるだろう）．第二に，続けてはっきりと，「そうゆう話聞くと::」(7, 9行目) と，（「その」ではなく「そうゆう」ということで）言及する対象を広げて，いま聞いた話を，津波の大きさや被害状況についての一般的な話として捉えようとしている．ここから，7行目以下の発言も，必ずしも直前で話されていた津波の大きさの話に対する応答ではなく，これまで利用者によって語られたことを受け，言及しようとしているようにリアルタイムには聞くこと

ができる.

　ここで，ボランティアはいったん発話の産出を遅らせ（10行目の1.2秒の沈黙），深刻にならないように笑ったり（10行目），また聞き手である利用者の様子をうかがったり（11行目）して，慎重に発話を組み立てている．そして，12行目と14行目で，「まだまだ 自分は u-:- や-しあわせだったな::っておもい¥ますよ↓ね:¥」と，「自分」は，利用者の語りにあるような，津波の被害にあった人たちや，避難生活を送っている人たちと違う立場にいることを認める応答をする．先に，「たいへんだとはおもったんですけども::」と，自分が考えていた状況との対比が述べられた（前述したように，これよりも前に，ボランティア自身も今回の地震を経験した話をしていた）．つまり，12行目の「自分」の「しあわせ」は，6行目の利用者たちの「たいへん」さの対立項として，立場の差異をはっきり表わすものと言えよう．こうして，6行目の「たいへんですよね」という反応は，8行目以下で敷衍・展開されている．言い換えると，地震の被害者である「自分」が「しあわせ」である程度に，津波の被害者が「たいへん」だと感じたというわけである．

　この事例でも，言及対象の一般化が行なわれていた．しかし，事例(1)と(2)では，「人生で…と思わない」と記述されるのは，ボランティアを含む者たち一般である．誰もがこんなこと「思わない」と語っていた．それに対し，事例(3)では，大津波の経験者一般と，非経験者一般の差異化のために，一般化が用いられている．ボランティアは，利用者が語りによって提示した，利用者の立場から，自分は異なる立場に留まることによって，津波経験者の経験を尊重する共感的受け止めをしているといえるだろう．

　たしかに，前節の事例とは異なり，事例(3)では，「たいへん」という評価表現が用いられていた．しかし，それは，利用者が語った内容を直接評価するものではなく，津波経験者一般のおかれている状況についてである．続けて主に自分側について語ることにより，語られた経験そのものに踏み込むことは避けられていた．このように自分側の話をすることこそ，差異化の技法の特徴だろう．そうして非経験者としての自分側を語ることは，とりもなおさず，利用者が語った津波の被害や津波のすさまじさに対し，自分自身の想像は及びもしないと主張することであり，また，相手が語った内容の固有性を認めることで

もある．それはつまり，当事者の経験に配慮することでもある．

まとめ

　本章では，ボランティアが，利用者の経験の語りに対してどのようにそれを受け止め，応答しているか，その一つのやり方について検討した．それは，語られた経験の「固有性」を認めるやり方だった．そのような経験の固有性の尊重は，主に二つの方法で達成されていた．一つは，語られた内容を一般化して端的に稀有なものとして扱うやり方で，もう一つは，自分と相手に立場上の差異があることを認めるやり方であった．冒頭で，語り手が，個人的経験を，ありふれた話ではなく，固有性の高い話として提示すると，かえって聞いている側が共感しにくくなることがあると述べた．本章のデータでも，利用者はじつに壮絶な津波被害や，津波のすさまじさについて語っていた．そうした語りに対し，ボランティアは，いずれも，語りが誰の経験として提示されているのかということと，その語られた経験に対して，どういった立場を取ることができるのかということを考慮していたことは，それぞれのやりとりのなかで浮かび上がってきた．ボランティアは，自らの立場を，語られた津波経験を共有しえない者として留まることで，当事者の経験を尊重し，共感の難しさを乗り越えていたのではないだろうか．

　またもう一点，本章で紹介した事例に共通して見られたのは，いずれの語りも，利用者が厳密な意味で，語られた事件の当事者ではないにもかかわらず，直接経験したかのように，非常に深刻に重く受け止められていたということである．これは，利用者とボランティアの非対称な立場を反映させているように思う．本章の事例が示した，ボランティアの応答では，利用者の語りの内容について固有性を認め，自分たちは，そのような経験を持たない者という立場をとっており，いわば「非当事者」であることを認めていた．その一方で，利用者は，たとえ語られた個別の事件の当事者ではないにしても，避難所や仮設住宅での生活を余儀なくされており，ボランティアと異なる立場にいる者であるという意味では，「当事者」である．ボランティアは，非当事者の立場に自分を置くことで，非対称の立場から語りを受け止めるという課題を，経験の固有性を認め，相手の領域に立ち入らないことで乗り越えていたといえるだろう．

本章で検討した，語り手が，当事者ではないにもかかわらず，聞き手が，語りに対して行なう共感的応答には，利用者が日常を喪失したという経験の内実に対し，どのように受け止めるべきかという課題に，ボランティアがどう対処したかが表われていると思う．実際，足湯が終了してから行なわれる振り返りの会で，事例（3）のボランティアが，自分たちは外から避難所に来ており，なかで生活している人しか感じられないことがあり，お話してくださるのは，そのほんの一部にすぎず，そこに踏み入っていくことは自分は出来なかったというようなことを感想として報告していた．このように，ボランティアは，利用者が経験していることの内実を理解しようとする一方で，踏み込めない個人の経験があることを敏感に読み取り，尊重することで，共感的態度を示していたといえるだろう．本章の事例をとおして，個人の経験というものが，どのように会話者たちによって捉えられ，共感を示す際に重要な役割を担っているのか，ということの一端を示せていればと思う．

〔黒嶋智美〕

第9章 共通性を示すこと
——共感の権利はどのように主張されるのか

　共感するには，自分に共感する権利があることを同時に示さなければならない．自分と相手の共通性を示すことは，この共感の権利を主張するための，一つの有効な手段である．だが，共通性の提示には，そこで話題が切り替わってしまうリスクがある．本章では，この共感に向けた一つの手続きを探ろう．

はじめに

　私たちは，相手の話を聞いていて，経験や知識など，相手と共通するなにかが自分にもあることを発見したとき，「私も…」と，それに言及することがある．このようなことは，自分が相手と同じ場面でその経験を共有している場合だけではなく，異なる空間，時間において同じような経験をしたり，あるいは，そのような話を見聞きしていたりする場合にも起きうる．

　足湯活動のデータにも，足湯を利用する避難住民とボランティアが，相手の話す内容に見いだした，自分あるいは自分の友人や家族との共通性に触れている個所が見られる．そして，それは，しばしば共感的反応にかかわっている．そのとき，端的に共通性があることを示すものとして，「私（私の○○）も～なんです」などの，一人称やそれに準ずるものと「も」が入った形式が用いられている．

　なぜ，共感的反応をするとき，共通性が提示されるのだろうか．ここで，第8章で検討された共感の難しさを再度思い起こされたい．それは，当事者が語りのなかで示す自分の経験への反応に対して，誰もが同じように共感的に反応を示せるわけではない，という難しさである．その背景として，第8章では，経験は，まずその経験をした当事者に固有のものである，という点に焦点が絞られている．そして，避難生活や津波の被害にまつわる語りに対して，聞き手がその当事者の経験の固有性を尊重し，あえて共感的反応を避けることで，共

感の難しさを乗り越える事例を分析している．

　一方，さほど生々しい経験が語られるのではないような場合では，聞き手が共感し，語り手もそれを適切なものとして受け止めていることが観察される．その点で，共感のありかたは，やや異なるように見える．ただ，その場合でも，経験が当事者に固有のものであるという点には，変わりはないはずである．そうであれば，なぜ，固有である語り手の経験にかんして，自分も同じ態度を取れるのか．聞き手が共感的反応をやり遂げるためには，それを説明できるだけの根拠を明示することが期待される．そのときに，聞き手が自分に語り手と共有できるなんらかの経験や知識があることが示せれば，それは，自分にも語り手と同じ態度を取る「権利」があることの有力な根拠となる．つまり，共感的反応における共通性の提示は，この「共感の権利の主張」としての役割を果たしていると考えられる．

　では，「共感の権利の主張」は，どのような環境で，どのように組み立てられているのだろうか．本章では，この点に焦点を絞り，「私（私の○○）＋も～」の形が用いられている事例を取り上げて検討する．

共感的反応と共通性の提示の位置

　ところで，前述のように，経験が当事者に固有のものであるということを踏まえると，聞き手がその語りのなかに共通性を発見し，言及するという行為には，相手の経験をそれほど特別ではないものに，いわば格下げしてしまうリスクがあると言える．つまり，共感の権利の主張のために共通性の提示を適切に行なう際には，それがあくまでも共感するための手続きなのだということが理解可能なように組み立てられていなければならない．

　共感を適切に遂行するための重要な工夫の一つとして考えられることは，共感的反応と共通性の提示を示す位置である．今回の分析では，まず，「私（私の○○）＋も」の形が観察された11の事例から，共感的反応の権利の主張として共通性が提示されていると思われるものを選び出し，分析した．その結果，共通性の提示と共感を示すやり取りの展開には，次の三つのやり方があることが観察された．一つ目は，まず共感的に反応した後で，共通性が提示されるものである．二つ目は，共通性の提示に続いて共感的反応がなされるものである．

第 9 章 共通性を示すこと

三つ目は，共通性を提示することが，すなわち共感的反応として扱われるものである．以下では，それぞれの場合についてデータに即して検討し，共通性の提示と共感的反応の位置が，共感を適切に行なううえでどのような意味を持っているのか，ということを示していきたい．

共感的反応に続く共通性の提示

ここで検討する事例 (1) は，ボランティアの語りが収束した位置で，足湯を利用する避難住民がまず共感的に反応し，続いて共通性を提示する例である．

利用者は，ボランティアにどこから来たのかを尋ね，ボランティアが答えたあと，(今やっているような) 足湯活動や手のマッサージの仕事をしているのかと質問する (1 行目)．ボランティアは，それを否定し (2 行目)，自分は店をやっていたが (4, 6, 9, 10 行目)，地震でその店を閉め (13, 15, 18 行目)，これから別の場所に移転することになった (21 行目) と語る．

(1) (⇒ は共感的反応，→は共通性の提示を示す．以下の事例も同様．)
1　利用者：　　XXXXX ((地名))で:(.)こうゆう商ば↓い やってん↑↑の？
2　ボラン：　　う*- う*- 商売- ん こ↑れは商売じゃないんですけど::
3　利用者：　　heh [hehhhh
4　ボラン：　　　　[あのぼく:(.)お店やって↓たん↓↓ですよ．
5　利用者：　　あれ？
6　ボラン：　　あの XXXXX ショップ ((店の種類))やって↓て::
7　　　　　　　(.)
8　利用者：　　[[ああ*::
9　ボラン：　　[[XXXXX ショップ ((店の種類))↓と あと ↑XXXXX ((品名))
10　　　　　　 とか ↑そうゆうの↓を(.)売 [ってたんですけど::
11　利用者：　　　　　　　　　　　　　　　[↑ああ:↓そう
12　　　　　　　(0.6)((ボランティアは小さく 3 回うなずく))
13　ボラン：　　.hh　もう #:# (..)止めまし↓た (hh)
14　利用者：　　¥止め↓た↑の¥=
15　ボラン：　　=んん ¥今回の し- 地[震があっ↓て¥
16　利用者：　　　　　　　　　　　　　[ººhhºº ºheh heh heh hehº he

```
17  利用者:      [h heh hhh
18  ボラン:      [↓ん::ん ↑ちょっと↓ね: もう止め <ちゃって:>
19  利用者:      ん [↓ん:
20  ボラン:         [(.h)
21  ボラン:      こんど と- べつのとこ↓ろ行くん↓↓ですよ:↑ぼく↓は.
22              (.)↑ん::↓ん
23              (.)
24  利用者:⇒    なかなか容易でねえもんな↓:
25         →   あたし-(.)た[ちも 商売やってた↓だ(よ)
26  ボラン:               [↓ん:::
27  ボラン:      ああ そうなんです↓か=↑どんな み-(.)商売
28              して↓たんです↑か:?
```

　本章が注目するのは，24行目の利用者の共感的反応と，それに続く共通性の提示（25行目）である．これらは，21，22行目で，ボランティアの語りがいったん区切りに至ったと理解できる位置でなされている．というのも，「別のところに行く」ことは，現在の状況から離れて将来のことを語るがゆえに，一つの出来事の自然な区切りと聞けるからである．

　ボランティアが語った経験，すなわち，地震のせいで店を閉め，移転を余儀なくされるという内容は，まぎれもなく「苦労」だと言えるが，ボランティアは，終始淡々と語っており，その経験に対する評価や態度や感情をはっきりと表わしてはいない．しかし，利用者は「なかなか容易でねえもんな↓:」（24行目）と反応することで，明示されていないボランティアの経験を自分が「容易ではない」ものとして捉えたことを示している．「なかなか～ではない」は，物事が自分の望むとおりには進まないときにしばしば用いられる形式であり，「～もんな」は，明示的になっていない事柄についての自分の推測に確信があることを表わしていると考えられる．つまり，利用者は，ボランティアが閉店と移転という経験に対する態度をはっきり示さなくても，自分は確信をもってそれを望ましからざるものであると推測することができる，そのことを主張しているように聞こえる．

　続く25行目で，利用者は，「あたし-(.)たちも 商売やってた↓だ(よ)」と言う

第 9 章　共通性を示すこと　　　145

ことで，ボランティアの語りのなかにある自分と共通する部分（商売／店をやっていた）に焦点化し，「あたしたちも」と「も」を用いて共通性を提示する．この発話は，内容的に見て，直前の「なかなか容易でねえもんな↓：」とは無関係であり，関連を示す表現も入っていない．それにもかかわらず，25 行目の意味するところは，きわめて明快である．つまり，25 行目は，24 行目の直後に配置されることで，その意味が理解可能なように提出されていると言える．実際に，ボランティアは，27，28 行目でこの発話を適切なものとして，問題なく受け止めていることを示している．

共感をすぐに示すことの意味

　震災後にボランティアの身に起きたことについて，その経験が「なかなか容易でない」ことは，常識的に推察はできても，誰もがそれを明示的に当事者に向かって言うことは，必ずしもできるわけではないかもしれない．例えば，商売の経験がない者が，経験者に向かってそのような判断を示すことは，直感的に難しいものに思える．というのも，前述のとおり，経験は，その経験の当事者に固有のものとして尊重されるべきものであり，容易に共感してしまうと，その「固有であること」を脅かしかねないからである．

　この点を踏まえ，いま一度，利用者の振る舞いを見てみよう．他者の経験に対して，あえて 24 行目のようなはっきりした形で共感するということは，自分がそのように振る舞えることを，この行為そのものによって示しているのではないか．そうであるなら，自分に共感の権利があることを，何らかの根拠の提示をとおして主張することが期待される．事例(1)の利用者は，まさにこの期待に応えなければならない位置で，自分もボランティアと同様，商売をやっていたという共通性を提示している．この組み立てによって，共通性の提示は，明らかに共感の権利の主張として聞かれることになる．

　語りの収束する位置ですぐに共感することで，自分は，語り手の経験がどのようなものであったのかを判断できる者であることを示す．その直後に共通性を提示し，共感の権利を主張する．このような組み立てをとおして，利用者は，「共感すること」を効果的に成し遂げているのである．

共感的反応に先立つ共通性の提示

　事例（1）では，まず，共感的反応がなされ，その直後に共通性がその権利の主張として提示されていた．次に見る事例（2）では，（1）とは逆に，まず共通性が提示されてから，そのあとに共感的な反応が続く展開になっている．

　事例（2）の直前で，ボランティアは，利用者に普段はなにをしているのかと尋ねている．それに対して，利用者は，いまは年齢的なこともあり，なにも仕事をしていないと答えたあと，1行目で，農家である（「でも (.) のう：かなもんでね」）と切り出す．そして，以前は野菜を作っていたが（3~4行目），現在はそうではないこと（6, 9行目），11~12行目で「とにかく (.) もう：(0.2) やっぱりさびしいね」と，この状況に対する自分の態度を示し，語りを収束に持ち込んでいる．

```
(2)
 1  利用者：   でも (.)↑のう::かなもんでね
 2  ボラン：   ああ はい.
 3  利用者：   農家なもんで (.) 野菜::::: とか (0.4) そうゆうの(は) じぶ:んの
 4              うちで作ってたから.
 5  ボラン：   はい
 6  利用者：   (それが)(0.2)いまは はあ:::::::
 7  ボラン：   で↑きな [い::です（けど）
 8  利用者：          [う:::
 9  利用者：   できないもんでね:: [(ふう):::
10  ボラン：                     [は:い
11  利用者：   とにかく (0.2) もう::: (0.2) ((小さく鋭く首を横に振る)) やっぱ
12              りさびしいね
13  ボラン：   あ::: [::い
14  利用者：        [うん
15             (.)
16  ボラン：→ (ま)あ: (.).h う↑ちの実家ものうかなんで::
17  利用者：   え そうだね:
18  ボラン：→ は::い [↓ま- ちっちゃいころから::
19  利用者：         [はい:
```

第9章　共通性を示すこと　　　　　　　　　　　　　147

```
20   利用者：     はい
21   ボラン：→   おじいちゃん おばあちゃんの:
22   利用者：     そうだ［ね:
23   ボラン：→         ［手伝いを ＞ずっとしてたん'すけど＜ やっぱ: (0.4)
24        ⇒   ［農家って(.) 楽しいで↓すもんね:
25   利用者：   ［(いま-)いま::::::::::::
26   利用者：     私は XXXX ((地名))なんですよ
```

　この事例で焦点となるのは，ボランティアの共通性の提示（16，18，21，23行目）と共感的反応（24行目）である．利用者の語りがいったん収束し，それに対する反応が期待される位置で，ボランティアは，「う↑ちの実家もの のうかなんで::」（16行目）と，共通性の提示を開始し，小さいころから実家の手伝いをしていたことを述べる．18行目の「ちっちゃいころから」および23行目の「ずっと」は，自分の農業経験が一時的なものではなく，長期間にわたって継続したものであることを示している．

　それに続く24行目の「農家って(.) 楽しいですもんね:」は，利用者の語りに対する共感的反応と聞くことができる．確かに，利用者は「さびしい」（12行目）と言っていたが，もし，これが農業ができなくてさびしいという意味であるならば，それは「農業は元来楽しい」ということを含意しうるからだ．つまり，ボランティアは，利用者の「できなくなってさびしい」という言い方が含意する別の面を取り出した形での共感的反応を行なっている．ボランティアは，共通性の提示から共感的反応までの流れをとおして，「農業の経験者」という立場から自分が農業の楽しさを知っていること，それゆえ，利用者の「やっぱりさびしいね」という態度を「楽しい農業ができなくなるさびしさ」として理解し，共感できる権利が自分にあることを主張している．

　また，24行目でボランティアが事例（1）と同じ「〜もんね」という形式を用いていることにも注目したい．この表現により，自分は利用者が語りのなかで明示的に表わしていない部分を，確信をもって推測できることを主張しているように見える．事例（1）では，利用者は，ボランティアが語りのなかではっきりと示していなかった態度を「容易でねえ」ものと明示化して共感していた．

事例（2）では，利用者が語りのなかで明示的に表わした態度に含意される別の面を取り出すことで，共感的に反応している．

先に共通性を提示する意味

続いて共通性の提示と共感的反応の位置について検討しよう．事例(2)では，共感的反応に先立つ共通性の提示を，ボランティアは次のような組み立て方で行なっている．

まず，利用者の語りが「さびしいね」という強い態度の主張で収束した12行目のあとは，ボランティアの共感が期待される位置である．先に見た事例(1)の利用者は，この位置で，あえてすぐに明示的に共感を示し，そのあとに共通性を提示することで，効果的に共感を達成していた．言い換えれば，自分の経験のなかに，有力な根拠となりうる共通性を見出していたからこそ，すぐに共感的反応ができたとも言える．

しかし，事例（2）の場合，ボランティアは，まず，自分の記憶にある農業体験と，利用者の語りとの間に接点を見出し，それに言及している．それはなぜだろうか．反応が期待される位置で，すぐに「自分もそのさびしさが分かる」などのはっきりとした共感を示せば，それは，当事者として農業に携わってきた利用者の経験を，簡単に理解可能なレベルのものとして扱う，配慮に欠ける振る舞いに見えてしまうかもしれない．この点を考えると，家が農家で，すでに引退の年齢を過ぎている利用者が訴える「野菜が作れないさびしさ」に対して，すぐに共感を示すことは，ボランティアにとって難しいことのように思われる．つまり，反応が求められる位置において，自分の農業体験という共通性に言及することは，ボランティアにとって，共感の難しさを回避し，かつ，「そうですね」などの無難な（しかし，きわめて弱い）反応以上の反応を可能にする選択肢であったと考えられる．

さらに，事例（2）の共通性の提示は，事例（1）とは対照的に，非常に慎重なやり方で行なわれている．16行目の共通性の提示の開始から，18, 21行目と区切り，利用者の反応を確認しながら展開しているように見える．そして，23行目の終わりの「やっぱ:」でいったん切ってポーズを置き，それまで手を見ていた視線を利用者に向けることで利用者の注目をうながす（相互行為における視

線の動きの働きについては，チャールズ・グッドウィンが論じており，本書では，第3章で取り上げている）．それによって，次に核心である共感的反応が続くことを示唆しているように見える．

共通性の提示は「自分のことを話す行為」

ボランティアが共通性の提示をこのように展開した理由として，一つ考えられるのは，共通性が共感的反応に先立って提示される場合，共通性が共感の権利の主張のために提示されたということが，それほどはっきりしているわけではないということである．

本章の冒頭で述べたように，共通性の提示は，相手の語る経験を「ありふれたもの」として格下げするリスクがあることから，あくまでもそれが共感の権利の主張であることが伝わるように組み立てる必要がある．つまり，事例（2）のボランティアは，なぜ，農業体験についての話をしたのかが利用者に理解可能になるまで，丁寧に展開する必要があったと考えられる．それに比べて，事例（1）では，共感的反応の直後に共通性が提示されるという組み立てにより，明快に共感の権利の主張であることが伝わる．その点で，展開が大きく異なっている．

では，利用者は，ボランティアが展開する共通性の提示をどのように受け止めているだろうか．17～22行目までの利用者の反応を見ると，利用者は，ボランティアの話を「聞いている」ことを示す以上のことはしていないように見える．視線も，時折ボランティアに向けるが，23行目からは横を見ている．そして，ボランティアの共感的反応（24行目）の開始と同時に，視線を合わせないまま「（いま-）いま::::::::::::」と切り出し（25行目），26行目でかつて住んでいた地名を出すことで，会話の軌道を変えている．

このボランティアの反応から，共感的反応に先立つ共通性の提示について，次のことが読み取れるだろう．共通性の提示は，その目的がなんであれ，自分のことを話す行為である．16行目で開始されるボランティアの共通性の提示が，そのあとに来る共感的反応を正当化し，権利を主張するためであることは，24行目になって初めて明らかになる．リアルタイムに16行目を見ると，利用者からは，ボランティアが目下の話題を自分の方に引きつけて語り始めたよう

に見えたとしても不思議ではない.

　このように,まず共通性の提示を行なうやり方でも,展開によっては,ボランティアが共感的反応をするつもりで共通性を提示していることを利用者が予測できる場合もあるだろう.しかし,事例(2)の場合,利用者は,ボランティアが自分の子どもの頃の話をしていると受け止め,それに対して反応しているように見える.そして,23行目の終わりにボランティアが0.4秒の間をおいたとき,それを話のいったんの区切りとして受け止め,新たに自分の話を始める位置だと判断したのではないか.結果的に,25,26行目の利用者の発言によって,24行目のボランティアの共感的反応は,「なかったもの」として無効化されている.

　以上の観察をまとめると,次のようになる.事例(1)のように,まず共感的反応をした場合,そのあとに続くスペースは,共感の根拠を示すのに適切な位置となる.そのため,そこで示される共通性のエピソードが共感的反応を正当化し,共感の権利を主張するものであることは,容易に理解される.それに対して,事例(2)のように,反応が期待される位置で共通性を提示するやり方は,その位置で共感して相手の経験が固有であることを脅かしてしまうリスクを,まずは回避するのに有効な方法である.しかし,その一方で,共通性の提示が共感的反応の権利の主張として適切に理解されるかどうかは,保証されない.共通性の提示は,共感的反応の権利の主張である以前に,自分の話を始めるという行為であるからだ.共通性の提示が相互行為のうえでどのように理解され,展開されるかは,相手の受け止め方に決定的に依存している.そして,場合によっては,事例(2)のように,肝心の共感的反応が無効化され,不発に終わってしまうこともある.共感的反応に先立って共通性を提示するということには,このような相互行為上の危うさがあると言えよう.

共感的反応としての共通性の提示

　これまで,共感的反応とともに,その前か後で共感の権利の主張がなされている事例について検討してきた.そのなかで,共通性の提示および共感的反応は,経験が当事者である語り手に固有のものであることを脅かしかねないことに繰り返し触れた.

第9章 共通性を示すこと　　　　　　　　　　　　151

　しかし，その一方で，じつは，共通性の提示という行為そのものが相互行為の展開において相手への共感的反応として組み立てられ，それが相手に適切なものとして受け止められることもある．ここでは，そのような事例を検討する．
　事例（3）を見てみよう．このやり取りの前に，利用者は，自分の孫が大学卒業後，消防隊に入ったこと，技術を身につけたいと思ったのがその動機であることをすでに述べている（この部分については，あとで事例（4）として検討する）．事例（3）の5, 6行目では，利用者は，孫への励ましを，引用の形を用いて再現（「大変だよ:'って｡いって｡がんばんねっか↑しゃんめえよ おめ:::」）している．それによって，自らの意思で決めた孫の進路を肯定的に捉えようとする態度を示している．7行目でボランティアが同意すると，続いて利用者は，「だがら」と，消防隊に入ったという一連の発言をまとめている（8行目）．ここで注目したいのは，「自分＋も〜」の形式を用いて，共通性を提示する13行目から18行目にかけてのボランティアの発言である．

（3）
```
1  利用者：    ほんで:(0.4) ぎじつ::::: 身に つけ↓る つんで:: sh- あん か:::::.h
2             あれしろっつって  消防隊 いった.
3             (.)((ボランティアうなずく))
4  ボラン：    は:::
5  利用者：    大変だよ:'って｡いって｡ がんばんねっか↑しゃんめ
6             [えよ おめ::: ってなあ (　　)
7  ボラン：    [そお'す ねえ::::: 消防隊なら::
8  利用者：    >だがら<消防隊入った
9             (0.2)((ボランティアが小さくうなずく))
10 ボラン：    あ::::::
11 利用者：    ｡うん｡((うなずく))
12            (0.4)
13 ボラン：⇒  .hhh  ｡い｡や:::::｡ま｡自↑分も::: (.) >↓あの< (.)↑公務員 (.)
14         ⇒  ↓あの(..) [↑け- 警↑察官
15 利用者：              [こうむ-
16            (.)
```

```
17   利用者:    >うん<[そして
18   ボラン:⇒          [で ↓あの(.)↑災害救助隊 めざしてるんで
19   利用者:    うんうん
20   ボラン:    ch'と ま:(0.4)[頑張ろうかな::と↓おも-(て)
21   利用者:                  [あ そう(なの)
22   ボラン:    [[はい↑今 そ↑れの:(.)専門学校に通っているんで::
23   利用者:    [[は::::((大きくゆっくりうなずく))
24   利用者:    通って
25   ボラン:    は:い.
26   利用者:    あ::: 大変だね:::
```

この事例では，ボランティアの発言のなかに，利用者の語りに見られた態度に対する共感的反応と呼べるものが，共通性の前にも後にも表われない．その点で事例（1）（2）と異なっている．では，この 13，14，18 行目の共通性の提示は，どのような行為をしているのだろうか．

社会的通念としての職業カテゴリーの共通性

ここでの共通性の提示は，特徴的なやり方で組み立てられている．13 行目のなかほどで，いったん「公務員」という言葉が発せられたあと，14 行目で「警察官」という言葉に置き換えられている．さらに，その「警察官」が，18 行目で「災害救助隊」と特定化されている．この置き換えと特定化は，ボランティアがその位置で共通性を提示する意味を利用者に適切に提示するために重要な意味を持っている．まず，13 行目で「自分も」と切り出すことで，ボランティアは，利用者の孫が入った「消防隊」と，自分が目指している「災害救助隊」とを，共通のクラスに属するものとして提示する．その際に，はじめに示された，「公務員」は，両者をともに含む上位カテゴリーである．そして，次の「警察官」は，おそらく「消防隊」と同じレベルの職業カテゴリーと言えるだろう．いきなり「災害救助隊」と言ったのでは，何が「自分も」であるのか，分かりくいかもしれない．職業カテゴリーの段階的な特定化は，そのリスクへの対処と考えられる．

一方，「公務員」と言うだけでは，5 行目で利用者が問題にした，当該職業に

第 9 章 共通性を示すこと　　153

まつわる「大変さ」が顧みられていないとみなされるかもしれない．おそらく「災害救助隊」という言い方は，この「大変さ」という点での関連づけを最も鋭く際立たせるだろう．

このように，ボランティアの発言は，一方で，二つの職業間の共通性が際立つように言葉が配置されていると同時に，他方で，その共通性を「大変さ」において際立たせるよう，組み立てられている．

就職先としての「消防隊」と「災害救助隊」
　ところで，ボランティアが「災害救助隊」に言及したことの意味は，もう一つあるように思う．そのために，事例 (3) の直前のやり取りである事例 (4) を検討したい．1〜3 行目で，利用者は，孫から消防隊に就職したという報告を受ける場面を，そのときの発言を引用して再現する形で語る．それを，4 行目で，ボランティアは驚きをもって受け止める．

```
(4) (事例 (3) の直前のやり取り)
1  利用者：　あるいて (1.0) 今年のね (0.2) なん‘すて)(.)おじさんね:
2  　　　　　(.)あたし　もう:::　ねられっかもしらんけどね(1.0) いや:::(.)
3  　　　　　あ::とにかく:(..) しょうぼう隊　。にはいっちゃった。
4  ボラン：　おお
5  利用者：　消防隊のね (.) <XXXX 課>((部署名))
6  ボラン：　(.)ああ　ああ　ああ
7  利用者：　XXXX 課でね (0.2) で　もう:::(.)百人ぐれえ::: (.)はい-あれ 試
8  　　　　　験受けたんだけど (0.4) 三人とか五人さ入ったからって(.)(。ん。)
9  　　　　　でも(.)おまえ消↑防隊っつったら どうなっとる..h いや:: 将来::::
10 　　　　　の: (.)こともあるけど(.) 何か身に::つ k-え:: あれ:: つけるため↑
11 　　　　　に .hh u::
12 ボラン：　消防 t[ai に
13 利用者：　　　　　[消防で: (0.2) なんか　獲得しんだっ[て
14 ボラン：　　　　　　　　　　　　　　　　　　　　　　[ああ:::::
```

　利用者は，孫が消防隊に入ったことについて，そもそも肯定的に捉えていなかった，という態度を示しているように見える．3 行目の「しょうぼう隊。には

いっちゃった。」に使われている「ちゃった」という表現は，第11章でも指摘されるように，起きた出来事が望ましくないものと捉えているという認識を表わすものである．続く7〜11行目の利用者と孫のやり取りの描写では，利用者が孫に「消防隊つったら どうなっとる」と問いただすような形で自分の発話を引用している．この一連の語りをとおして，自分が孫の選んだ就職先を，すぐに受け入れたわけではないことを示している．

さらに，孫が，消防隊の仕事内容や社会的意義にひかれたのではなく，あくまでも自分の将来を考え，「技術を身につけるために」に就職したのだ，という動機を繰り返している点にも注目したい．このことは，10, 13行目，そして(3)の1, 2行目と，表現を少しずつ変えて言及されている．このように，あえて志望動機を強調するのは，逆に，この職種が，特別の動機がなければ志望されないものと想定されているからだと考えてよいだろう．つまり，利用者は，「消防隊」を就職先として選ぶという行為が，なにか特別の動機により説明を要するものとして捉えているように見える．このことは，ボランティアが，3行目の「消防隊にはいっちゃった」という利用者の発言を，4行目で「おお」と驚きをもって受け止めていることとも無関係ではないように思われる．このボランティアの驚きは，消防隊が就職先として，どちらかというと珍しいものであることを表わしていると考えられる．つまり，利用者の消防隊に対する捉え方，すなわち消防隊は，志望する動機を言わなくても新卒の就職先として自然に理解されるような，一般的な就職先ではないという認識は，社会的な通念としても理解可能である．

共感のための同種性の操作

以上の観察を踏まえて，再度，事例(3)のボランティアの共通性の提示がしていることを検討する．このやり取りでは，「消防隊」は，就職先として一般的とは言えない職業として位置づけられてきた．このような文脈のなかで「災害救助隊」という言葉を聞くならば，ボランティアの志望する職業もまた同様に，就職先として一般的ではないものとして聞くことができる（このように，どのような項目が同種のものとなるかは，目下の話題に応じて異なる．この点については，ハーヴィ・サックスの講義録のうち，「話題」のところで述べている「話題に応じての

同種性」に関する議論を参照されたい）．したがって，ボランティアがそのような職業を，自分もまた目指していることを告げる共通性の提示は，利用者の孫の行動，および孫の決断を肯定的に捉えようとする利用者の態度を支持するものとして組み立てられている．

　最後に，このように「災害救助隊」が，利用者の孫の職業と同種のものとして確立されるならば，さらに，孫の職業である「消防隊」も「災害救助」に関連するものとして位置づけなおされる点も，指摘しておいてよいだろう．

　このやり取りには，先に見た二つの事例とは異なり，共通性の提示と直接関連づけられる共感的反応と言えるような発話がボランティア側に見られなかった．しかし，共通性（もしくは同種性）にかんする操作（すなわち，言い換えや特定化といったさまざまな言葉の配置）は，それ自体が，さまざまな共感をもたらすものであることを，垣間見ることができる．それは，「大変さ」への共感でもあるし，（災害救助のような）社会的役割への共感でもあるだろう．

まとめ

　本章では，共感を示すための手続きの一つとして，共通性の提示を取り上げ，それが①共感の権利の主張として，あるいは②共感そのものとして組織されることを示した．

　共通性が共感の権利の主張として提示される場合，共感的反応と共通性の提示のどちらを先に行なうかで，やり取りの展開が大きく異なる．先に共感的に反応するということは，根拠を示す前に「あなたの気持ちが分かる」と主張することであり，共感のやり方としてインパクトがある．また，その次に示される共通性の提示は，端的に共感の権利の主張として理解可能である．しかし，この方法は，固有である相手の経験に直接踏み込むような行為だけに，誰にでも利用可能な方法ではない．

　それに対して，まず，共通性を提示する方法は，相手の経験が固有であることを尊重するという意味で安全である．しかし，共通性の提示が自分の領域にある経験や知識を語る行為である以上，それが共感的反応の権利の主張として思惑通りに機能するかどうかは保証されない，という相互行為上の不安定さがある．

また，共通性の提示それ自体が共感的反応として組織される場合，それは，やり取りの展開で共通性が共感として聞きうる位置に提示されること，およびその文脈や相手の発話に合わせて，共感する側がさまざまな操作を行なうことによって達成されることを指摘した．

　足湯活動のやり取りには，相手が語る経験を，その当事者に固有のものとして尊重するという行為と，語りに示された態度に共感的に反応するという，二つの期待される行為のせめぎ合いがある．そのなかで，足湯の利用者とボランティアは，共通性の提示を組み込みながら，共感の達成に向けてやり取りを組織化している．本章で見てきた事例のように，共通性の提示によって，やり取りがボランティアの想定したものとは異なった方向に展開し，その結果，コミュニケーションが上手くいっていないように見えることもある．しかし，そのような場合でも，ボランティアと利用者は，共通性を踏まえて共感の達成に向けて交渉している．その振る舞いは，それまで接点のなかった互いの世界に関与し，そこから共有できるものを作り出そうとする態度の表われであることには間違いない．共通性の提示は，足湯活動のコミュニケーションを充実したものにする，共感的反応のための一つの有効な方法であると言えよう．

（岩田夏穂）

第10章　段階をへる共感

> ボランティアが共感を示すとき，たいていの場合，段階をへている．相手の発言をまず「ああ」や「へえ」などで共感的に受け止めたのちに，評価表現や記述などを用いて共感を示す．このような段階をへるのは，なぜか．そこでは「タイミングの見計らい」がなされている．発話の連なりを手がかりに，そのことを検証する．

はじめに

　第5章〜第9章では，語り手の経験に対して，聞き手がどのように共感を示すのかに着目し，共感的技法のいくつかを明らかにしてきた．本章では，そのような，語り手と聞き手が互いに作り出す共感的反応が，一つの発話においてなされるのではなく，複数の発話の「連なり」をとおして成し遂げられる事例に着目し，共感が相互行為の組織のなかで達成されていることを検討してみたい．

　会話における「連なり」というのは，一人の会話者が発話を終えると，次の誰かが発話を開始し，またその人が終えると誰か別の人が発話をするというように続いていくこと（もちろん，発話の重なりや，時には発話と発話の間に沈黙もありうるだろうし，当然どの会話にも終わりがある）を指す．例えば，電話での会話を思い出してみよう．電話がかかってきたら，たいてい「もしもし」や「はい」といって電話にでるだろう．すると相手は，「もしもし」と言ったり，「Nだけど」と名乗ったりする．その次に，それに対して私たちはたいていなにかを言うだろう，「ああ，Nさん」のように，相手が誰かわかったことを伝えるかもしれないし，「どうしたの」と電話の用件を尋ねるかもしれない．いずれにせよ，このように，会話は会話をしている者たちの発話の「連なり」によって展開していく．

　例えば，次の事例(1)も，このような会話における「連なり」を含んでいる．

これは，ボランティアが，利用者の発言に対し，典型的ともいえるやり方で，共感的に受け止めている事例である．

(1)
1 利用者： 妹のほう↓はね::(.h)↑屋根↑にのぼっºて（きた）º
2   (0.8)
3 ボラン： [[ああ::::((うなずく))
4 利用者： [[やね
5 ボラン： や↓ね
6 利用者： ん:ん
7   (0.4)((利用者，うつむき，ボランもうつむく))
8 利用者： >だけ↓ど<↑屋根だけ>↓だから<↑ま↓だ↑ね
9   (.)
10 ボラン：→ あああああああ::じゃあよかっ↓た[ね↑::
11 利用者：   [ºん::::んº

このやりとりでは，応急仮設住宅に住んでいる利用者が，自分の妹の住んでいた町が津波被害にあったことを述べている．ボランティアによる10行目の発話は，（おそらく津波の高さが）「屋根だけ>↓だから<（↑ま↓だ」ましであったという8行目の利用者の報告を受け，それに対して「よかった」という評価を行なっている．この評価は，利用者のもとの発話に示されている「まだ（まし）」であるという態度と一致するため，共感的である．このボランティアの反応は，発話の連なりという意味では，[報告]の次に[受け止め＋共感的反応]が来るという順番で成り立っている．報告に対して，「あああああああ::じゃあよかっ↓たね↑::」と，[受け止め＋共感的反応]という組立てで反応しており，まず「あああああああ::」で，相手の報告を受け止め，「じゃあよかっ↓たね↑::」と評価的な表現（「よかった」）を用いて，共感を示している．この二つの行為が，一つの発話の順番のなかで行われている．

じつは，共感的に反応している場面では，いま見てきたような，「受け止め」があってから，何かしらの共感を示す反応がなされていることがほとんどである*（他の章で検討した事例をいま一度ご確認いただきたい）．受け止めと共感の順

第 10 章 段階をへる共感

番が入れ替わることは，まずない．共感的反応がなされる際には，必ずと言っていいほど，まず「受け止め」が行なわれている．つまり，共感的反応は，それがいきなり行なわれるよりも，「受け止め」をへた，二段階で構成されていることが多い．そして，さらに共通して見られるのは，この「受け止め」が，「ああ」や「はあ」などの，驚き，意外さ，衝撃など，話し手の態度を表わす表現でなされていることが多い点である．

　　*このような二段階の発話は，共感を示すとき以外にも報告されている．例えば，チャールズ・グッドウィンは，「透明な視覚」で，モニター上に異常を見いだした発話者が，やはり態度を表わす表現を先に発した後，続けてそれを詳しく述べるという例を挙げている．また，ジョン・ヘリテッジは，共感を扱った論文で，共感的反応にこうした態度を表わす語が使われる事例を扱い，たいていそれを説明するような発話がその後に続くと論じている．

　これらの表現は，他に言葉をともなわなくても，表情や，音調，音の強弱などで，話し手の発話の対象に対する態度を表わすものである．例えば，事例(1)の「°あああああああ::°」もその一つで，眉をひそめて深刻な表情を浮かべながら発せられ，低めのゆるやかに下降調の音調で，「ああ」を連ねる言い方になっており，報告された事態を，非常に重く，また真剣に捉える態度を示している．

　このような反応の位置で使われる，反応者の態度を，記述によってではなく，音の産出の仕方によってさまざまに表わすことのできる表現を，本章では包括的に「態度表出語」と呼ぶことにする．そして，「はい」や「うん」など，主に情報を受け止める際に使われる反応の表現も，使われ方によっては（つまり，前述したような表情や音調，強弱によって）やはり自身の態度を表わすこともできるため，同様に相手の語りを受け止めるのに使われるものにかんしては，ここでは同類のものとして扱いたい．

　ただし，あとで詳しく論じるが，態度表出語によって表出されるボランティアの態度が，必ずしも，利用者の態度と一致し，共感的になるとはかぎらない．しかし，事例(1)の場合は，ボランティアの態度表出は，利用者の直前の発話に明示される（「まだまし」という）態度と一致しているように見える．それは次の事情からだ．ボランティアは，これ以前は，1行目の利用者の報告のあと，3行

目と 5 行目のボランティアの発話順番で，まだ態度を示していなかった（7 行目も沈黙である）．利用者が，8 行目ではっきりと事態を「↑ま↓だ↑ね」と「まだ（まし）」と捉える態度を示してから，ボランティアが 10 行目の受け止めをしている．まさに，態度表出語がこの位置で用いられているがゆえに，この態度表出語による受け止めは，それだけで共感的であるように聞こえる．

　ボランティアの反応は，次のような意味で二段階的だった．

　まず（第一段階として），態度表出語によって，ボランティアはどのような態度で，利用者の発話を「受け止め」たかを示す．

　態度表出語に続けて（第二段階として），より詳しく，どのように受け止めたかを（単に音の産出によってだけでなく）言葉で提示している．つまり共感を言葉によって表現している．このように，共感の表わし方には，態度表出語と共感的反応の二つの方法がある．

　事例(1)では，利用者が報告した事態に対して（「まだまし」という）態度を示したことによって，ボランティアはすぐに二段階の反応を続けて行なうことができた．しかし，じつは，この二つの段階が，なんらかの形で分離することが多く観察できる．そのような事例を 15 例ほど集めてみた．こうした分離は，次のような事情によると思われる．

　利用者は，しばしは「語り」とも呼べる，一連の発話を行なう．それは，一つの発話では終わらないような，いくつかの発話が連ってひとまとまりになる一続きの発言である．「語り」がなされるとき，その語りが終わったかどうかは，聞き手にとって必ずしも明確でないこともある．一方，語りが会話のなかで行なわれると，それが収束したとき，聞き手はなんらかの語りに対する反応をすることが，ゲール・ジェファソンの「会話のなかの物語りの連鎖的側面」で報告されている．共感的反応は，おそらくそのような反応の重要な一つである．しかし，語りの終了が確信できないとき，そこで，共感的反応を行なってよいかどうか．これがボランティア自身にとってしばしば問題となるはずである．

　そこで，ボランティアは，語りの終局と聞けるときにも，すぐに反応するよりも，態度表出語で「受け止め」をひとまず行なうことで，話し手に発話順番を譲り，話し手がそこで語りをさらに続けるかどうかを確認ののち，共感的反応をすることになると考えられる．

第10章　段階をへる共感

まずは，次の二つのパターンを区別することができるだろう．

連なり1（事例1）
1　利用者：ある事態の報告
2　ボラン：受け止め＋共感的反応

連なり2
1　利用者：経験や知識の語り
2　ボラン：受け止め
3　語りの終わりを確認するやりとり
4　ボラン：共感的反応

さらに，語りの終わりを確認するようなやりとりのあと，再度，受け止めをして共感的反応をしている場合も観察できた．これを「連なり3」とすると，次のように図式化できるだろう．

連なり3
1　利用者：経験や知識の語り
2　ボラン：受け止め
3　語りの終わりを確認するやりとり
4　ボラン：受け止め＋共感的反応

次節以降，連なりのパターン2と3について詳しく見ていく．そのなかで，連なり2については，語りの収束を確認する作業とそれに続く入念な言語的共感的反応がどのように行なわれているかを，やや詳しく検討してみたい．というのも，この確認作業の行なわれ方によって，その後の共感に至る連なりの展開され方が決定づけられているからである．

この連なりのパターンの区別に加えて，もう一つの区別を導入しておこう．すなわち，第二段階の反応（入念な言語的共感）が，直前の（相手）発話に向けられているときと，それ以前の発話に向けられているときがある．たとえば，事

例(1)をもう一度見返してほしい．10行目のボランティアによる反応の二つの成分は，明らかに，ともに直前の利用者による発話に向けられている．それに対して，第二段階の成分が，直前の発話以外の（相手の）発話に向けられることもある．

本章のデータベースにおいては，事例(1)のように，受け止めのあと続けて入念な言語的な共感的反応を行なうような，二段階の組み立てを一つの発話順番が持つときには，直前の発話以外の発話に対して共感が向けられる例は見られなかった．しかし一方で，「語り」（ひとまとまりの発話の束）に反応する場合，すなわち，二つの段階を構成する成分が分離する場合，直前の発話よりも前の発話に対して共感が行なわれていることがあった．

三つの連なりのパターンの区別と，言語的な共感的反応が何を対象としているかの区別をいま確認した．この二つの区別がどのような関係にあるのかを以下では明らかにしていく．

連なり2——語りの終了の確認作業を含む連なり

事例(1)では，共感を示すタイミングが明確な場合の共感的反応の特徴について見てきたが，次に，共感的反応が対象とする発話が，「語り」の形式をとる場合を検討する．語りは前節でも述べたように，いくつかの発話が連なって一つの行為をなすものであり，その終了点（語りが終わりに達した時点）は，明確でないときもある．前述の15例のなかで，語りのあとに共感的反応がなされるときは，たいてい，語りが終わったかどうかを確認する作業を経てから，ボランティアは共感的反応を行なっている．本節ではそうした語りの終了の確認作業とそれに続く共感的反応が，どのように行なわれているかを確認していこう．

次の事例(2)では，ボランティアは，最初に，8行目でこれまでの語りの「受け止め」だけを行なっており，言葉によって共感を表わしていくのは，語りの終了が確認できたあとである．事例(2)の直前では，ある避難所に住む利用者が趣味の釣りについての話をしている．二年前に釣りに行った際に交通事故にあい，助手席の友人と，後部座席に座っていた利用者自身もけがをしたことを語っている．

(2)
```
1   利用者：   助手席の(.)助手席に乗ってたやつは（りょくて）こ- 骨折
2   ボラン：   は:::
3   利用者：   私↓は後ろ↓の(.)↑席のおかげで↓:::(0.5)静脈(0.5)は- 破裂
4   ボラン：   ん↑は:[:-
5   利用者：      [静脈破裂で.
6              (0.2)((ボラン,うなずく))
7   利用者：   あとは額とか- 鎖骨.(0.2)胸部肋骨[骨折
8   ボラン：   →                          [°↑は::::°
9              →(1.8)((ボラン,うなずき,利用者うなずく.そしてボラン,うな
                ずく))
10  ボラン：   →大変[でした↓ね::
11                [((利用者,視線を外らす))
12             (0.5)((利用者,うなずく))
13  ボラン：   °あ::::°
14  利用者：   し- し-(.)（俺死んかなって）eheheheh 五十日入院して
```

 3行目から7行目にかけて，利用者は自分が事故で負ったけがのリストを作るような語りの組立てになっており，それに対して，ボランティアは，4行目で態度表出語で受け止めている．7行目は，「あとは」で開始されており，最後の項目が次にくることが示されているものの，しかし，最後の項目が複数あるかぎり，リストの終わりははっきりしない．ボランティアは，7行目の三項目（胸部肋骨）の終わりと聞ける単語の末尾で，とりあえず，「°↑は::::°」を呼気混じりに，また高めの音調で伸ばしながら発することで，利用者の語りを受け止めている（8行目）．

 8行目の受け取りは，4行目の態度表出と同様に，ただ単に情報として受け止めるだけではなく，このような産出法によって，語りの内容（事故で受けた怪我の状況）を深刻に，また驚くような出来事として受け止めている．利用者のこのリストが事故のひどさを含意するかぎり，利用者の語りの態度と一致した態度がここに示されているといえよう．そのかぎりで，この受け止めは，それ自体「共感的」と言えるだろう．

 そのあと，いったん利用者も語りを続けることを止め，ボランティアと向き

合った状態で沈黙になる（9行目）．この沈黙の間，まずボランティアがうなずき，続いて利用者もうなずき，そしてそのあとにまたボランティアがうなずいている．このうなずきの連なりによって，何が達成されているのだろうか．

確実に言えるのは，どちらも発話をしようとしていないことだろう．いずれも，発話をする機会をえながら，無言でうなずく以上のことをしていない．9行目では，両者ともうなずきによって，互いにその機会を譲り合っているかのようである．これにより，利用者の側にもはや語るべきことがないことが公然化される．

これを受けてボランティアは，11行目で「大変でした↓ね::」とはっきりと，事故にあったことの評価を行なう．この言語的な共感的反応は，やはり利用者の（事故に対する）態度（深刻）と一致している．それに対し，利用者は，ボランティアから視線をそらし，うなずいて同意を示している．

この事例(2)の特徴をまとめておこう．第一に，二段階の反応の第一段階と第二段階の成分が分離している，典型的な「連なりパターン2」の例である．第二に，事例(1)と同様に，反応の対象が直前で話されていたことである．

ところで，「連なりパターン2」の事例のなかには，言語的な共感的反応が，直前の語りに対してではなく，それよりも前に語られていたことに向けて行なわれることもある．次の事例はそのような場合である．

事例(3)は，第8章の事例(3)を含むやりとりである．ここでは，利用者が津波について知っていることをボランティアに語り聞かせている．

1～2行目で，防波堤に津波が押し寄せたという事実が述べられると，まずボランティアはそれを，自分が知らなかった情報として受け止める（「ああ::::::::::::::::」4行目）．この利用者の記述は，あくまでも（第一波と第二波はさほど大きくなかったという）事実の記述で，その事実に対する特定の態度を含むものとは聞けない．したがって，このボランティアの受け止めも，とくに共感的とは言えないだろう．

そのあと7行目から，利用者は語りをさらに続け，8～9行目で，「原発のやつやったあれ第さん波だか↓ら」と，一番大きな津波は，第三波であったという事実を述べる．それに対して，ボランティアは，10行目でやはり知らなかった情報として，利用者のこの記述を受け止める（「↓ああ::::::」）．利用者は，たしかに

「原発」に言及してはいるが，原発事故の深刻さを語っているのではなく，あくまでも三番目の波が（他の波と比べて），それほど大きかった理由として「原発」に触れられている（9行目末尾の「だから」に注意）．したがって，ボランティアの10行目の受け止めは，やはり共感的とは言えないだろう．たしかに，それは低く平板な音調で引き伸ばされており，真剣な表情を見せることで，深刻な態度を表出しているにはちがいないが．

```
(3)
1   利用者：  ちょ-あの防波堤あんのな？ (0.2)そこにまあ(でっぱり)
2            きちゃったな h ((左手で波の高さ表現しながら))
3            (.)
4   ボラン：  <ああ:::[::::::::::::::::]:::: hh::::h h h h h > ((うなずく))
5   利用者：       [(でっぱ↓り)] ((左手を下ろす))
6            (1.2)
7   利用者：  んで二波で-(.)↓二波でたいでいやられ:↓た h (.) ど'
8            三波: こんど:でかいのきて，あ原発のやつやったあれ
9            第さん波だか↓ら
10  ボラン：→ ↓ああ:::::: ((ボラン，視線を手元に落とす))
11           (2.8)((ボラン，マッサージの手元から利用者を見て，また視線を
             落とす))
12  ボラン：→ たいへんですよ↓ね::↑ほん::と↓に
13           (2.0)
14  ボラン：→ [[自分たちもたいへんだとはおもったんですけども:: (.)
15           [[((首をかしげる動作))
16         → >でも< そうゆう話聞く↓と:: (1.2) hhhehehhh .hhh hh
17           (1.0)((ボラン，一瞬利用者の顔を見る))
18  ボラン：→ ¥ちょっと: ちょっと:¥ (0.8) [まだまだ 自分は u-:-:- e-
19  利用者：                            [ん::::ん
20  ボラン：→ しあわせだったな::っておもい¥ま s'よ[↓ね:¥
21  利用者：                                    [ん:::ん
22           (1.0)
```

第三波がいかに大きかったかという利用者の説明は，9行目で一つの区切り

があると聞くことができるだろう．実際，7～9行目を言い終えると，利用者は，11行目の2.8秒もの長い沈黙の間，右前方を見つめ，口を真一文字に閉じ，語りを続ける気配を見せない．この様子を目視で確認した（11行目）ボランティアは，12行目から記述によって共感的反応を行なっていく（この共感的反応の詳しい分析については，第8章事例(3)を参照されたい）．

ただし，12行目から20行目までのボランティアの共感的反応は，第8章で示したように，直前の語り（津波の第三波に関する事実の記述）に向けられているわけではない．それは，このやりとりよりも以前に語られていた，はっきりと評価的態度が含意されている語り（津波で全滅の被害を受けた地域の話など）に向けられている．言い換えれば，12行目以降の共感的反応の対象は，10行目の態度表出語による受け止めの対象（直前の語り）とは，異なっている．先ほどの事例(2)とはこの点が違っている．

以上，事例(3)も，二段階の反応を構成する二つの成分が分離して出現しているため，「連なりパターン2」に分類される．しかし，事例(2)と異なるのは，第二段階の反応（記述的な共感的反応）の対象が直前の語りではない点である．

連なり3——第1段階の反応（受け止め）の再出現を含む連なり

これまで，共感的反応の二成分が分離される場合の連なりをみてきたが，最後に，語りの終了確認ののち，もう一度，2段階の反応の成分が続けて行なわれる場合を見ていく．

事例(4)におけるは応急仮設住宅の住人である．この事例の直前で利用者は，ボランティアの質問に答えて自分の出身地を述べたあと，自発的に，地震当日孫が携帯で連絡してくれたお陰で難を逃れたと語っていた．その後いったん，他の話に及ぶのだが，利用者は再び，地震当日の出来事を語る．事例(4)はその二度目の地震当日にかんする語りである．

(4)
1　利用者：　あの: うちのほうの家ながされる:
2　　　　　　の: をみたの[みん↓な [(おれ)
3　　　　　　　　　　　[((左手を外に向かって上げる))

第 10 章　段階をへる共感　　　　　　　　167

```
 4   ボラン:              [は:い((うなずく))
 5   利用者:    おらは::[上がらなくてみんながったけ↓ど
 6                    [((利用者, 左手を外側に払うように))
 7   ボラン:    °は':::い°
 8   利用者:    孫だと↓か
 9   ボラン:    ああ[:::((利用者が目をそらすと,ボランも視線を手元に落とす))
10   利用者:       [ん:::::ん
11             (1.0)
12   利用者:    ん:::[:::::::ん((ボラン, 利用者を見て, 利用者もボランを見るが
13              すぐに視線を落とす))
14   ボラン:       [は(hhh):::い((ボランと利用者, 同時にうなずく))
15             (0.4)((ボランと利用者, 視線を手元に落とす))
16   ボラン:→   ああ::::-(0.2)>でも< ほんとに[無事で::=
17                                       [((利用者を見る))
18   利用者:   =ああ::ん:::::::[::ん((うつむいたまま, 一度うなずく))
19   ボラン:→                [よかったです↓ね:
20             (.)
21   利用者:   <まった[く>↓な
22   ボラン:         [<はい>
23             (1.8)((両者, 手元を見ている))
```

　利用者の語りは，2 行目でいったん区切りがついたように聞くことが出来る（「ながされるのをみたの」というのは，クライマックスとして聞こえるためであろう）．しかし，5 行目と 8 行目で，利用者は先の語りに付け足しを行なう．「おら」は見ていないこと，「孫だとか」は見たことなど，2 行目の「みたのみんな」の「みんな」が誰なのかを詳しく述べる．9 行目で，ボランティアは態度表出語「ああ:::」によりそれを受け止める．この受け止めも，直前で語られた内容が事実を伝えてるものである以上，共感的とは言えない．

　この事例においても，態度表出語の使用のあと（9 行目以降），語りの終了確認のやりとりが行なわれる．まず，利用者は，「ん:::::ん」（10 行目）と「ん:::::::::ん」（12 行目）と言うのみで，実質的な発話はしていない．それをボランティアは，「は(hhh):::い」（14 行目）と呼気混じりの低めの音程で，うなずきながら受

け止めている．

　そして，0.4秒の沈黙（15行目）で，利用者がこれまでの語りを続けないことが公然化されると，ボランティアは，16行目で，「ああ::::-」とまず態度表出を行ない，続いて16行目と19行目で言語的な共感的反応を行なっていく．

　このように見るならば，この（連なりパターン3の特徴である）16行目冒頭の態度表出語は，語りの終了確認作業の一端を担うものであるように思える．この「ああ」は十分引き伸ばされ，しかも，引き伸ばされたあと，わずかだが（0.2秒ぐらい）間があく．利用者がこれまでの語りを続けるために利用できる，最後の機会がここに与えられている．しかし，利用者は，16行目の冒頭から，手元に視線を落としたままである．16行目と19行目の言語的な共感は，このように，語りが続かないことが十分明らかになったところで，なされる．

　この16行目と19行目の共感的反応の対象は，直前の語りではない．というのも，利用者の孫と他の避難した人たちが「家が流されるのを見た」という内容で，「無事でよかった」と言えるものではないからだ．この共感的反応は，「でも」で開始されている．第7章でも取り上げられたように，これによって，ボランティアは，直前の発話ではなく，少し前に話されていた，利用者が地震当日に孫から電話を受け，津波の難を逃れ助かったという語りに戻り，その内容に対して共感を示しているのである．

　その組み立て方は慎重で，まず「>でも< ほんとに無事で::」（16行目）で，利用者からの受け止め（18行目）を得たのち，「よかったです↓ね:」（19行目）と発話を終えている．つまり，「よかった」という評価を行なう前に，しかも，そのような評価が次に来ることが十分に予測できる時点で，その評価に進むことにかんして，ボランティアは利用者の承認を得ているように見える．こうした組み立ては，16行目と19行目の共感的反応が直前の発話に対するものではないということと関係しているのではないだろうか．つまり，反応対象以降に語られたことを飛び越えて共感を行なうにあたり，「飛び越え」が明らかになった時点（つまり「無事で」を発した時点）で，まずは利用者の反応を確認しているように見える．

　であるならば，ここに，語りとそれに対する反応の間には，基本的にできるだけすばやく反応するべきであるという時間的制約があることが示されること

第10章 段階をへる共感　　　　　　　　　169

になる．つまり，16行目と19行目におけるボランティアの慎重な語り方は，このような時間的制約を気にしていることの証拠であるように見える．次節で，このことを他の連なりのパターンと比較しながら考えてみよう．

共感のための連なりのパターン

　表1は，連なりのパターン別に，連なり内容，および，共感的反応が対象とする発話について，まとめたものである．連なりパターン1では，経験の語りがあってすぐにボランティアによる受け止めと言葉による共感的反応が行なわれていた．その対象は，直前の発話であった．連なりパターン2では，利用者の語りを受け止めたあと，いったん，沈黙や語りが終了したことを確認するようなやりとりがはさみこまれ，ボランティアの言語的共感に至る．そしてこれらが対象としていたのは，直前の発話の場合と，それよりも前に語られていたことに戻って反応する場合の二つがあった．パターン3では，語りの終了確認が終わったのち，もう一度ボランティアが態度表出語を使って，終了確認の機会を設けてから，共感的反応をしていた．この意味で，パターン3はパターン2の変種といえるかもしれない．そしてこれも，直前の語りの内容ではなく，それを飛び越えた以前の語りに対する共感であった．

　パターン1とパターン2で見られた，直前の語りに対する受け止めと共感的反応は，共感の対象とそれほど時間的な開きがない場合（事例（1）に至っては，対象となる発話の直後で共感を示している），もしくは，長い沈黙状態にあっても，ボランティアと利用者が，向かい合ったままの状態を維持し，すなわち，相手への関心をそのまま維持している場合（事例（2））といえる．

　一方，直前よりも以前に語られた内容に対して共感が示される場合は，先の語りと，共感的反応との時間的な開きを大きくしてしまった時であると言える．事例（3）では，沈黙が少し他の事例よりも長めに続いていただけでなく，これまでの語りにもはや付け足すことのないことが，双方にとって明らかとなっていた．また事例（4）では，言葉による語りの終了確認が入っていた．言葉が交わされると，視線やうなずきと違い，互いに同時に行なうことができないので，その分，時間がかかるだろう．

　このように，共感が向けられる発話と共感的反応の時間的な隔たりは，短い

連なりパターン	連なりの内容	共感的反応が対象とする発話
パターン1	1 利用者:ある事態の報告 2 ボラン:受け止め＋共感的反応	直前の発話・語り（事例1）
パターン2	1 利用者:経験や知識の語り 2 ボラン:態度表出語による受け止め 3 語りの終了を確認するやりとり 4 ボラン:共感を示す反応のみ	直前の発話・語り（事例2） 直前より前の発話・語り（事例3）
パターン3	1 利用者:経験や知識の語り 2 ボラン:態度表出語による受け止め 3 語りの終了を確認するやりとり 4 ボラン:受け止め＋共感的反応	直前より前の発話・語り（事例4）

表1 共感的反応の連なりパターンとその対象

ほうが，直前の発話に対して反応しやすいが，逆に，隔たりが大きくなってしまうと，直前より前の語りに反応することが可能になる．実際，一定時間以上の隔たりののちに「直前」の発話に対して共感を示す事例はなかった．

おわりに

本章で示したのは，共感の連なりにはいくつかのパターンがあるということである．次の四つのことを明らかにした．1)共感的反応は，態度表出語による受け止めと，言葉による共感的反応の二つの成分がある，2)この両者のあいだには，他のやりとりや沈黙がはさみこまれることがあり，それによって異なる連なりのパターンを形成する，3)態度表出語は，主に直前の発話や語りを受け止める，4)共感的反応が対象とするものは，それまでの語りとどの程度時間的な，および関心上の隔たりが生じているかによって決まるという制約がある．

もちろん，データベースが小さいので，本章で示した以外のパターンも十分ありうるだろう．まずは，本節で検討した事例より，共感的反応をする際の対象と，それを行なうタイミングに相互行為上の密接な関係があることが明らかにされたといえる．要するに，記述的な共感的反応がどこで行なわれるべきかにかんする時間的制約が，存在する．しかし，その制約は，逆に利用可能でもある．それまでに語られていたことに対して，共感を示しにくい場合，時間のずれを生じさせることによって，それよりも以前の語りに対して共感を示すこ

とが可能になる．つまり，この制約を利用することもまた，共感のジレンマを乗り越えるための技法になりえると言えるだろう．

(黒嶋智美)

第11章 不満・批判・愚痴を述べるということ

足湯利用者が避難生活における困難について不満を口にするのは，当たり前かもしれない．でも，実際の会話を見てみると，利用者は，自分が不満を口にすることを，必ずしも当然のこととして捉えてはいないことがわかる．そこには，しばしば，「こらえること」への志向性が観察できる．

「不満」を述べるということ

序章で触れたように，足湯ボランティアは，利用者の言葉を「傾聴する」機会として捉えられている．利用者が語る言葉は「つぶやき」として記録され，そのなかでもとくに緊急性が高いと考えられるニーズや問題点は，各市町村の社会福祉協議会に報告されることもある．このような体制が取られていることからもわかるように，利用者は，足湯に浸かり，マッサージを受けながら，現在の生活，あるいはこれまでの避難生活で起きたさまざまな事柄にかんする不満を語ることがある．事例 (1) は，利用者が，非常にはっきりと不満を述べている例だ．このやりとりは，利用者の子どもが震災後に転校したのかを尋ねる，ボランティアによる質問 (4行目) をきっかけに始まっている．利用者がこの質問を肯定すると (5~6行目)，ボランティアは「じゃあちょっと大変でしたね↓それは:.」と，子どもの転校に付随するであろう苦労をねぎらう．利用者は，この「大変だった」という部分を繰り返すことによって強く肯定し，続いて，教育委員会の対応が「最悪」だったことを語り出す．

(1)
1　ボラン：　でも 子どもさん もう なつ休みです[よね::: やｰ .hh
2　利用者：　　　　　　　　　　　　　　　　　[そう'す.
3　　　　　　(1.2)

```
 4   ボラン：   >y'ぱ< てん校とかは され-(0.2)たんです [か?
 5   利用者：                                    [そ:=
 6   利用者：   =そ:[そ:
 7   ボラン：      [°あああ°
 8            じゃあちょっと大変でしたね[↓それは:.
 9   利用者：                         [(大変でした.)
10   ボラン：   ええ:::,
11   利用者：   なん回教育委員会に電話した(ことか.)
12   ボラン：   °あほんと[に°
13   利用者：          [↓ほ↑かの学校↑は↓:,=
14   ボラン：   =ええ,
15            (0.2)
16   利用者：   こう がっこうが:, ここですよって 決まんの
17            早かったんですけど,
18   ボラン：   は:[い
19   利用者：      [***((利用者の子どもが通っていた学区域))は
20   ボラン：   は:い,
21   利用者：   自分で行きたい学校に行けみたいな感[じで.
22   ボラン：                                  [あああ:::
23            (.)
24   利用者：→ 最悪です.
25            (1.5)((ボラン利用者の姪に目をやる))
26   ボラン：   ね::: 子どもさんやっぱ転校ってきつい
27            です:::[:よね::::=
28   利用者：         [きつい(で)すね
```

11行目で利用者は,「なん回教育委員会に電話した(ことか)」と言って,「大変」だったのが, 子どもの転校という出来事のなかでも, 教育委員会がかかわるものであったことを明らかにする. そして, 他の学校(おそらく他の市区町村教育委員会が統括する学校のこと)は素早く転校先を指定してくれていたのに, この利用者の地域では,「自分で行きたい学校に行け」, とでも言うように, きちんとした対応をしてくれなかったと説明する. そして, このことを「最悪です.」と評価している(24行目).

この利用者は，非常にはっきりと，教育委員会の対応に対する強い不満を表わしている．きちんとした対応をしていた他の地域の教育委員会と対比することで，自分の地域の教育委員会が，果たすべき役割を果たしていなかったと指摘しているように聞こえる．また，「最悪です」と，強く，ためらいなく言い切ることで，自分にはこのような評価をする権利があることを主張しているようにすら聞こえる*．このような利用者の発話は，ただ，個人的に感じた心情として不満を語るというだけではなく，対象に対する批判，糾弾を行なっているように聞こえる．

*ヘリテッジとレイモンドは，対象について（対話相手に同調する形でではなく，自ら）評価を述べるということは，それ自体が，自分が対象を評価する権利を持つと主張することであると指摘している．

　震災，原発事故により利用者たちは，多大な苦労，不便な生活を強いられている．そのなかで，この例のように，さまざまな機関や人に対する批判が口にされることは，当然のことのように感じられる．しかし，実際の足湯における会話において，不満は，いつもこのようにはっきりと，強く述べられるわけではない．不満がなんらかの形で表明されている事例を15個ほど集めたが，そのなかには，不満の非明示的表明の事例も多く含まれる．例えば（避難先で買い物をするにも案内してくれる人がおらず困っていると言うのに）「誰か案内でもいればあれだけどねえ」と，不満をはっきりと表明するというよりは，どちらかというと希望を表明することで，不満をほのめかすというように．利用者とボランティアのやりとりにおいて，不満はさまざまな立場，態度から語られ，受け止められ，さまざまな相互行為上の帰結をもたらす．本章では，利用者が不満を述べる事例をいくつか分析し，そこにどのような利用者およびボランティアの志向が表われているのか，利用者とボランティアは，どのような理解，共感を達成しているのかを記述する．

「こらえる」ことへの志向性

　そもそも，不満を言う，というのは，どのような行為なのだろうか．利用者

たちは，震災・原発事故後の国や自治体の対応，避難生活の不便さ，困難さなど，さまざまな事柄について不満を語る．その内容，形は非常に多様であるが，共通して言えるのは，実際の状況が，あるべき，望ましいものでないことを主張・示唆している，という点だろう．本章では，「不満を述べる」という表現を，広義に，「実際の状況が，あるべき，望ましい状況でないと主張・示唆」している発話を捉えるのに使うことにする．

「不満を述べる」という行為の一つひとつの事例を見てみると，実にさまざまな提示のされ方をしており，利用者は，さまざまな態度を表明している．事例（1）では，利用者は，対象（教育委員会）が，なすべき対応をしていなかったと述べ，これをためらいなく，強い言い方で批判的に評価した．この利用者が行なっていたことは，不満を述べる，という行為のなかでも，「批判」として特徴づけられるようなものだろう．

これに対して，次に引用する事例（2）の利用者は，自分の振る舞いを「愚痴」として特徴づけている．この利用者は避難所で暮らしている．避難所には，仕事やボランティアでさまざまな人が出入りしており，利用者は，そのような人たちにも話を聞いてくれる人と聞いてくれない人がおり，話を聞いてくれる人に対しては，ストレスがたまってくるとぐちぐちとあたってしまうのだと話す（11～13行目）．この発話のなかで，どうしてストレスがたまるのか，なにについてぐちぐちあたるのかは明らかにされていない．しかし，仕事ができず，ただ避難所で避難している，という現状において，詳述せずにただ「ストレスがたまるとぐちぐちあたってしまう」と言っていることから，避難所での生活が，ストレスがたまるようなものなのだと示唆しているという理解が可能だろう．

(2)
```
1   利用者：   =う:ん，あのち 聞いてくれる人聞いてくれない人
2              いるでしょ↓:
3   ボラン：   はい．
4              (1.2)
5   ボラン：   聞いt- 聞いてくれない人いるんですか？=
6   利用者：   =い↑る ↓よ:．
```

第 11 章　不満・批判・愚痴を述べるということ

```
 7                (1.0)
 8  ボラン：  仕事:- 仕事しご [とで
 9  利用者：          [>仕事で忙しいから<=
10  ボラン：  =う::ん (0.3) そっ[か
11  利用者:→         [だ:ら s- だんだん ストレスたまって
12      →   ↑来っと:, (0.3) その人によって↓:, ぐち-ぐち- (0.2)
13          あたっちゃうから,=
14  ボラン:→ =°んん°=余裕がなくなっちゃうんだ
15  利用者：  (あ言っちゃうんで)<そ- それがなま:楽しくはなし-
16          してくれんだ みんな
17                (1.0)
18  ボラン：  お↑しゃべりね, s- た↑のしいですもんやっぱあ [たし =
19  利用者：                                           [う:ん
20  ボラン：  =↑東京から来てるんで:,
21  利用者：  んん
22  ボラン：  なんか色々こっちの方の話聞けるのも楽しいし
```

　利用者の 11〜13 行目の発話は，事例（1）で検討した発話のような，非難の対象を特定し，それについての批判を直接的に述べるという形はとっていない．ここでなされていることは，「ストレスがたまってくると，相手によってはぐちぐちあたってしまうのだ」という「報告」に過ぎないし，実際に利用者が，訪問者に対してどのような話をしていたのかはわからない．それでも，この発話には，利用者とボランティアの会話において，不満を口にするということがどのようなこととして捉えられうるのかを知るための手がかりが含まれている．

　まず，この利用者は，自分が，避難所の訪問者を相手に行なっている行為を，望ましくない，本来はするべきではない行為として提示している．まず，「ぐちぐちあたる」という，否定的なニュアンスを持つ表現を使って自分の振る舞いを表わしていること自体に，利用者の自己批判的な態度が見てとれる．この利用者が実際にはどのような内容のことをどのように訪問者に話していたのかはわからないが，同じことを描写するのに，「話を聞いてもらう」，「相談する」，「弱音をはく」，など，ちがった表現を使用することは出来たはずだ．

　そのなかで，「ぐちぐちあたる」という表現を用いることによって，利用者は，

自分がしていることを，本来はするべきではないこととして提示している．また，「ぐちぐちあたる」という行為は，「ちゃう」という助動詞をともなって表現されるようなこととして取り扱われている．「ちゃう（てしまう）」という表現は，本人から見て望ましくない行動をとったときや，本人にとって望ましくない事柄が起きたときに，それを望ましくないものとして認識し，残念に思う態度を表わす助動詞だと言えるだろう．利用者は,「ぐちぐちあたっちゃう」と言うことによって，自分がしていることが望ましいものではないと認識していること，しかしながら，それでもしてしまうのだということを表わしている．

さらに，このような望ましくない行為をしてしまうことの説明として，「ストレスたまって↑来っと:,」（11～13行目）と述べている．ストレスがたまり，普段であればしない，するべきでないとわかっている行為をしてしまうような状況に自分が陥ることを示唆しているわけだ．自分の過去の振る舞いを報告するのに，このように発話を組み立てることで，利用者は，避難所での苦労を示唆し，その苦労について語ることが，「ぐちぐちあたる」ことであり，良くないと自分でわかっていながら，それでも，「つい」行なってしまうような，ストレスがたまる現状なのだということを表わしている．

この，利用者による「ぐちぐちあたる」ことの報告は，訪問者が自分と楽しく話をしてくれるという話（15～16行目）の一部として触れられているだけであるにもかかわらず，ボランティアの共感的な反応を引き出している．ボランティアは，利用者の11～13行目の発話に対して，14行目で，「°んん°=余裕がなくなっちゃうんだ」と言う．この「余裕がなくなっちゃうんだ」という言い方は，利用者が先に述べた「ストレスたまって↑来っと:,」という，ぐちぐちあたってしまうことの理由を言い換えているものとして聞くことができる．そうすることで，相手が自己批判的に報告した「ぐちぐちあたる」という振る舞いを，我慢が利かない状態だったためにやむをえずしたことなのだろう，という，共感的な理解を示している．

また,「余裕がなくなる」と言う際，ここでも「ちゃう」という表現を用いることで，余裕がない状態になるということが，望ましいことではないが，やむをえずそうなってしまうものとして捉えていることを示している．このようにして，ぐちぐちあたるという望ましくない行為をすることが，利用者には抑え

なくてはいけないとわかっていても抑えることができないものなのだという捉え方が共有されると言えるのではないか．
　事例（1）では，利用者は，はっきりと特定された対象を，強く，ためらいなく「批判」していた．これに対し，事例（2）の場合，利用者は，「ぐちぐちあたる」という表現を用い，またそれに「ちゃう」という表現を付すことによって，愚痴を言うということが，本来するべきではない，こらえるべきものだと捉える志向性を表わしていた．こうして事例（1）と事例（2）を比べてみると，同じ不満を語るという行為であっても，ある時には正当・妥当な行為としてなされ，ある時には望ましくない，するべきではない行為として描写されることがわかる．

相互行為の中で交渉される不満の正当性

　不満は，さまざまな立場から，正当な行為として，あるいはこらえられるべき行為として語られる．事例（1）では，利用者は，対象への批判を，正当な行為として行なっているように見えた．事例（2）の利用者は，不満を述べることを「望ましくない行為」として捉える態度を始めから表明していた．
　ある不満が正当なものなのか，こらえられるべき不満なのか，という問題は，利用者が単独で判断，表明するとは限らず，ボランティアとの相互行為をとおして交渉されるものでもありえる．事例（3）では，そのような交渉の過程を観察することができる．
　以下の事例は，利用者の愛犬がおかれている状況についてのやりとりである．この愛犬は，利用者が住んでいる仮設住宅には連れて来ることができず，ボランティアに預けられている．利用者は，その預かり先では，犬に対して「調整（去勢のこと）」手術をするのだと述べる（1～2，4行目）．このことについて利用者は，「°>そん↓なこと（↑）し↓なくたって↓と<おもうんだけ↓ど（↑）さ::やっ↓ぱり（↑）ね:」（12～13行目），「そん'まま↓に（↑）して↓て（↑）もらえば いい↓のに↑ね:」（16～17行目），「痛い°おもいさし°°°↓て°°」（19～20行目）と，比較的はっきりと，不満を口にする．しかし，この不満はすぐに，「まあ しょう↑が↓ない（↑）ね::そうゆう 規そく↓だっ↓↓たら」（22，24行目）と，「納得」に取って代わられる．

(3)
```
1   利用者:   そし↓たら:(.hh)°あの: な:んだと思った↓ら:
2            調↑整するん↓だっ↓↓て:°
3   ボラン:   ↓え?
4   利用者:   °いぬ↓の(↑)ちょう整する↓んだっ↓↓て↑よ°
5   ボラン:   °ああ そうな[↓の:?°
6   利用者:           [°たくさんいる↓から: ほ↓ら (.)
7            (↑)そんなかに入れておく↓と
8            (.)
9   ボラン:   °°ああ ああ あ↓あ°°
10  利用者:   うちのは おすなの↓よ::
11  ボラン:   あ*:::::::[::::ん
12  利用者:          [°>そん°なこと ↑しなくたって↓と<
13           おもうんだけど [↑さ:: やっ↓ぱり↑ね: ]
14  ボラン:              [ああ*::::::::::::: ]::
15           (.)
16  利用者:   そんまま↓に ↑して↓て ↑もらえば いい
17           ↓のに[↑ね:
18  ボラン:       [m ああ::::::[::
19  利用者:                 [痛い
20           °おもいさし° °°↓て°°
21           (0.2)
22  利用者:   まあ しょうが↓ない↑ね:: そうゆう [規そく =
23  ボラン:                            [.hhh
24  利用者:   = ↓だっ↓↓たら
25  ボラン:   .hh ↓あのその↑たくさんの 所で_ 預かる:_ 所_ は_
26           やっぱり:そうゆうふうに_ しないとだめ
27           ↓みたいです[↓↓よ
28  利用者:            [ん:ん なんか そ[うゆう[こ]と (↑)ね
29  ボラン:                         [そ↓う:[こじ-
30  ボラン:   そ↓う: こじん的に_ 預かる_ 所だったら:
31           ん::[↓ん
32  利用者:      [いい↓け[ど ↑ね::
33  ボラン:            [>そうそう そ↓う<
```

第 11 章　不満・批判・愚痴を述べるということ　　　　　　　　　181

```
34              (0.2)
35  利用者：    だから しょうが↑ない べつに
36              [殺される °°もの°° °°°じゃ°°°  °°°°ない-°°°°
37  ボラン：    [°°°°こっち(かわ)°°°°
38  ボラン：    °°°(    です)ね?°°°
39  利用者：    (°°°ないからいい　°°°)
40              (2.8)
41  ボラン：→  いまさらと おもっ↓ちゃうよ↑ね で↓も↑ね::
42  利用者：    そ↓うね [:
43  ボラン：           [ん:ん
```

　ボランティアは，利用者が語る不満に対し，「あああ」と，悲痛な表情を浮かべて受け止め（11, 14, 18 行目），愛犬の去勢手術が利用者にとって辛いものだという理解を最小限の形で示してはいるが，それ以上の反応はしていない．これを受け，利用者は，いったんはっきりと不満を口にしたにもかかわらず，22, 24 行目では，去勢することが規則なのであればしょうがない，と述べ，愛犬が去勢手術を受けるということを受け入れ，納得しようとする態度を表わす（この事例にかんするここでの分析の一部は，第 7 章でなされた分析に基づくものだ．とくに，ボランティアの共感的反応がすぐに表われなかったということ，41 行目になってから表われていることの分析については，第 7 章，事例 (2) を参照されたい）．

　このように，相手からの同意が期待される場面でそれが起きないときに，話し手が自分の態度を調整する，ということは，非常に多く観察される現象である．ここで，とくに興味深いのは，さまざまな態度の調整の仕方が考えられるなかで，利用者が，「一度口にした不満を引っ込め，現状を仕方のないこととして納得して受け入れる態度を示す」というやり方をとっているということだ．このことから，利用者は，自分の愛犬が去勢手術を受けなければならない現状を仕方のないこととして我慢することが，ボランティアからの同意を引き出すことだと想定していることが分かる．

　実際，この発話のあと，ボランティアは利用者に同意している．自身も避難生活を送る人々の犬を預かる活動をしているというボランティアは，23～24, 28 行目で，多くの犬を預かる所では，去勢をすることが決まりらしい，と，ボ

ランティア側の事情を説明し，そうすることで，犬を去勢することは「しょうがない」ことなのだ，と言った利用者に同意している．

犬を預かる側の規則についてのやりとり（25〜33 行目）のあと，利用者は 35 行目で「だから しょうがな↓い」と，再び現状を受け入れる態度を示し，続けて「(↑)べつに[殺される °°もの°° °°°じゃ°°° °°°°ない-°°°°」（35〜36 行目），と，考えられる最悪の事態（殺されること）と現状（去勢されること）を対比することで，現状を前向きに，「まだまし」なものとして捉えている．この一連の発話によって，利用者が現状に不満を持っていることがまずは表わされ，次に，その不満を，仕方のないこととして納得し，受け入れようとしている態度が表わされている．

ボランティアの 41 行目の「いまさらと おもっ↓ちゃうよ(↑)ね で↓も↑ね::」という反応は，このようにして表明された，利用者の葛藤に寄り添ったものだと言うことができよう．まず，ここでも，「ちゃう」という表現が使われている．そうすることで，「いまさら」と不満に思うことが，利用者が思わず抱いてしまうような感情，規則だからしょうがない，と納得しようとしても抱かずにはいられない感情として受け止めている．最後につけ加えられた「で↓も↑ね::」という表現も，このような感情を抱くということが，殺されるわけではないのだからいい，と考えようとしても，それでも抱いてしまうような感情なのだという理解を表わしているように見える．

このやりとりでは，利用者とボランティアの間で，自分の犬が，預かり先で去勢手術を受けなくてはならないということが，はっきりと文句を言うべき正当な批判なのか，こらえなければならない仕方のないことなのか，こらえようとしてもこらえがたい辛いことなのか，細かなやりとりのなかで態度が表明，調整されていき，最終的には両者のあいだでの共感に至る．不満を口にする，という行為は，このように，会話者たちがさまざまな次元で，共感を達成する機会をもたらすものだと言うことができる．

不満を語る際の立場と不満への反応

これまでに，利用者が不満を口にする事例を三つ検討した．事例（1）では，利用者は特定の対象を強く批判し，その対象を批判されるべきものとして，自

第 11 章　不満・批判・愚痴を述べるということ　　　　　　　　　　183

分を，批判する権利がある者として，提示していた．一方，事例 (2) では，不満を口にすること，あるいは不満を感じるということが，本来はこらえるべきだが，こらえようとしてもこらえられないもの，として取り扱われていた．事例 (3) では，ボランティアとの相互行為をへて，利用者の不満が，納得しようとしても抱かずにはいられないような不満として語られていた．

このように，同じ「不満を語る」という行為であっても，それは，多様な立場からなされる．そして，それにより，どのような反応が適切なのか，ということも変わってくる．事例 (1) で，利用者が教育委員会を糾弾するような発言をしたあと，どのようなやりとりが展開したのか見てみよう．

(4)（事例1のつづき）
19　利用者：　　自分で行きたい学校に行けみたいな感[じで.
20　ボラン：　　　　　　　　　　　　　　　　　　[あああ:::
21　　　　　　　(.)
22　利用者：　　最悪です.
23　　　　　　　(1.5)((ボラン，利用者の姪に目をやる))
24　ボラン：→　ね::: 子どもさんやっぱ転校ってきついです:::＝
25　利用者：
26　ボラン：　　＝[: よね　：　：　：　　[きつい-
27　姪：　　　　＝[きつい(で)すね ((姪に)) [かなりきついっす(よ).
28　ボラン：　　　いきなりきついっすよね:：ほ(h)んとに(h)

利用者が教育委員会を批判しているあいだ，ボランティアは，「あああ:::」(20行目) と言って利用者の話を受け止めているが，利用者が「最悪です.」と言い切ったあと，これに対して直接的な反応をしていない．代わりに，1.5 秒の沈黙のなかで利用者の隣に座っている利用者の姪（中学生くらいだと思われる）に視線を移し (23行目)，そして 24 行目では姪と利用者両方に目をやりながら「子どもさんやっぱ転校ってきついです:::よね::::.」と言う．この発話は，転校，という出来事にかかわる苦労に言及したものではあるが，利用者がそれまでに述べてきた，教育委員会に対する批判とは異なる側面，つまり，子ども自身が，転校をするにあたって経験するであろう苦労に焦点を移している．

このように見てみると，同じ「転校をめぐる苦労」という話題に触れる発話であっても，誰の観点に立つのか，そして，苦労をもたらした対象（教育委員会）に焦点をおくのか，当事者としての経験に焦点をおくのかによって，発話の性格は大きく変わってくることが分かる．また，ボランティアがそれをどのように受けとめるかにも多様性があり，それにより，やりとりはさまざまな帰結の仕方をするものと考えられる．

そのとき語られている不満はどのような不満なのか

　最後に検討したい事例（5）では，どのような立場から，どのようなたぐいの不満が語られているのかについて，利用者とボランティアのあいだで交渉がなされている．以下のやりとりに先立って，利用者は，仮設住宅にずっといるのが嫌で，温泉めぐりなどの企画に参加していることを語った．そして，1～2，4，6，8 行目で，なにもせずに仮設住宅にいると，テレビと「にらめっこ」になり，行政に対して不満を感じるのだと話す．それに対して，ボランティアは，「でも」（10 行目）「そう:思っちゃいますよね::,」（12 行目）「どうしても．」（14 行目），と反応する．しかし，ここでやりとりは収束することなく，少しずつ様相を変えながら発展してゆく．

```
(5)
 1  利用者：   （やっぱり）ここに::: なんにもしないで いっと, (0.2) やっぱり
 2            (0.5) テレビと にらめっこしたり,
 3  ボラン：   °ん:::.°
 4  利用者：   ちょっとね. [.shhh <な:に::: この行政は 何やってんの =
 5  ボラン：              [°ん:::↑.°
 6  利用者：   = かな::>なんてね.
 7  ボラン：   >ほんとですよね.< =
 8  利用者：   = そうゆう不満が出て来る(っしょ いっぱい/やっぱり).
 9            (0.4)
10  ボラン：   でも
11            (0.5)
12  ボラン:→  そう:思っちゃいますよね::,=
```

第11章 不満・批判・愚痴を述べるということ

```
13  利用者:      =えーえ.
14  ボラン:→    どうしても.
15              (0.4)
16  利用者:      だからそれが: さき (1.0),( ) 健康管理とかなかったのが↑ね:,
17              (0.3)
18              <さいきんで↑しょ? [(やったやつ)
19  ボラン:                        [はい.
20              (1.0)
21  利用者:      そう:すると:もう よんヵ月(   )検査したっ↓て:,
22  ボラン:      ¥遅いですよね:.¥
23  利用者:      ね↓え.
                ((9行省略))
24  利用者:→    にんげんを大事にするっていうその (0.2) 一番たいせつな
25       →     部分が抜けてんだよ↑ね
26              (0.2)
27  利用者:      我々被爆:たぶんしてっと思うんだけど(も),
```

ボランティアの12, 14行目の反応は,「ちゃう」や「どうしても」という表現を含んでいる. これらの表現を用いることで, ボランティアは, 不満の対象に焦点を当て, それを糾弾するのではなく, 不満を抱くまいとしても抱かずにはいられない, 利用者の心情に対して理解を示している. その点で, 事例 (2), 事例 (3), 事例 (4) のボランティアの反応と類似していると言えるだろう.

ボランティアがこのような反応の仕方をしたということは, 8行目までの利用者の発話の組み立てと, それがどのようなコンテクストで産出されたものなのか, ということと無関係ではないだろう. 利用者は, この事例に先立つやりとりで, 代わり映えがなく, 小旅行にでも行って息抜きしないと耐えがたいものとして仮設住宅での生活を描写した. そして, 外出せずにずっと仮設住宅にいると, テレビとにらめっこになり, その結果, 行政に対して不満がたくさん出てくる, という語り方をしている. ここまでの話を総合して聞くと, 利用者は, 行政に対する不満を, 抱くまいと思ってもおのずからわいてしまうものとして提示し, その心情的な辛さを訴えているものと理解することが可能だろう. ボランティアの反応は, 利用者の話をこのように理解し, その心情的な辛さに

対する共感を示しているものだと考えられる.

ところが,利用者は,この反応を「え-え.」(13行目)と最小限に受け止めたあと,行政という対象を,批判するべき論点を具体的に示しながら,明示的に批判し始める.避難区域の住民に対する健康管理(おそらく健康診断の実施を指す)が遅かったことを挙げ(16~18, 21行目),その後,農作物の線量にばかり注目していたことを指摘する(該当箇所省略).そして,「にんげんを大事にするっていうその,(0.2)一番たいせつな部分が 抜けてんだよ↑ね」(24~25行目)と,するべきこと(人間を大事にすること)をしていない,という形で,行政批判を総括する.このような発話は,個人的に経験する困難を語って共感的反応を引き出すようなもの,というよりも,むしろ,特定の対象を批判する権利を持つものとして自らを提示しつつ,その対象を糾弾する,という行為を行なっているように見える.つまり,ここで利用者が取っている態度は,ボランティアが12, 14行目の反応で示した理解とは,微妙に異なるものになっているのだ.

このあとも,利用者は行政の対応を批判し続け,被曝に対する保障について,原爆症認定をめぐる裁判を引き合いに出しながら,自分の個人的な不満,不安としてではなく,被災地の人びと全体にかかわる,社会問題として論じる.自分の個人的な心情として不満を語る,という形ではなく,批判するべき対象を批判する,といった態度が一貫して取られているわけだ.その間ボランティアは,利用者の話を聞きながら理解を示す反応を時折するものの,利用者自身の不満,困難を受け止めるような,共感的な反応はしていない.最終的には,(自身も福島県在住である)このボランティアは,利用者と一緒に政府の対応を批判することで,利用者の立場に寄り添っている.

まとめると,この事例では,利用者の不満が,まずは,ボランティアによって,心情的な訴えとして受け止められるが,そのあと利用者は,心情的な不満としてではなく,正当な社会的な批判として,話を展開させている.そこでは,非常に微妙な態度のすり合わせが行なわれていると言える.すなわち,そこで語られている不満はどのような不満なのか,利用者は何に焦点を絞り,どのような立場から不満を語っているのか,について,相互行為の展開のなかですりあわせがなされている.

第 11 章　不満・批判・愚痴を述べるということ

おわりに

　利用者たちは，行政について，避難所での生活について，愛犬に対する対応について，不満，やりきれなさ，憤りを感じ，それをボランティアとの会話のなかで語る．不満を語るという行為が，さまざまなやり方でなされるということ，そして，その一つひとつのやり方に，さまざまな立場や態度が表わされている．また，不満が語られるとき，利用者が一方的に自分の立場，態度を表明する，ということではなく，ボランティアとのやりとりのなかで，それがどのような不満なのか——正当に対象を糾弾するべきことなのか，こらえるべきものなのか，こらえようとしてもこらえられないようなものなのか——が交渉される．

　このように，ある事態・出来事について不満を語るとき，それをどのような立場，態度から語るか，ということは，話し手の個人的な判断によって決定されるとは限らず，また，その事態・出来事の性格によって自動的に決定されるものでもない．利用者は，ボランティアとのやりとりのなかで，相手の一つひとつの反応に合わせて，あるいは相手の反応に反発して，自分の立場，態度を調整する．その限りにおいて，特定の立場に立って不満を述べる，ということは，相互行為的な，社会的な営みであると言うことができる．

（早野薫）

終章　できなかったこと，そしてできたこと

はじめに

　本書では，著者らが「コミュニケーション・ボランティア」と呼ぶ活動において，実際になにが起きているのかを，分析的に明らかにしようとしてきた．それは，その活動がその参加者たち自身によりどのようにして突き動かされているか，そのメカニズム（手続き）を解明する試みだった．コミュニケーション・ボランティアのなかでも，とくに足湯ボランティアが三つの震災をへてなおますます活用されているのは，なぜか．私たちは，その理由を，相互行為の構造的な特徴として特定することができたと考える．もちろん，足湯ボランティアが活用される理由はさまざまだろう．しかし，その理由の一つは，まぎれもなく，その相互行為の構造上の特徴にあることも，またたしかだ．

　一方，ボランティアたちは，避難所・応急仮設住宅（あるいは県借上げ住宅）の住民とのコミュニケーションにおいてさまざまな困難を感じているにもかかわらず，それでも，実際には，足湯活動におけるコミュニケーションは，非常に充実したものとなっている．本書では，そのためにボランティアたちが用いている技法のいくつかも，明らかにできた．もちろん，未解明の技法もたくさんある．今後の課題となるだろう．

　さて，この終章では，逆接的ながらも，本書においてなにができなかったかを述べることで，逆に，なにができたかを考えてみたい．

経験と，経験を語ること

　西阪を除く，4人の著者たちは，福島県において，ほぼ月に1回から2回のペースで足湯ボランティアに参加した（西阪は，大学の授業がない期間に福島県に出向いた）．とくに須永は，2011年3月11日の震災の直後から3ヵ月間，福島

県下の避難所等でさまざまなボランティア活動に参加した．このような経緯があったので，ある意味では当然のこととして，本書は，ボランティア側の視点に貫かれている．そのため，避難所・仮設住宅の住民の直接の声を扱いながらも，かれらがそこでなにを経験しているかを，むしろ，おろそかにしているのではないか，という気さえする．避難所・仮設住宅の住民の側よりも，ボランティアの側に目が向き過ぎているように見えるならば，それは，たしかに本書の限界である．

次の課題として，住民がなにを感じているのかをもっと直接的に拾い上げていくような研究が望まれるだろう．一方，「住民がなにを感じているか」ということは，決して単純なことではない．このことを，本書は思い出せてくれるはずである．

第一に，当事者（なんの当事者であれ）の経験は，語られることによってのみ，他者に伝わるという，否定しようのない事実がある．そのとき，経験の語られ方は，それを語る相手，語る状況に，決定的に依存するだろう（インタビュー調査という状況であっても，これは同じである）．本書のいくつかの章は，このことを明らかにしている．第4章では，経験を語ることのできるのは，例えば，どういう相互行為上の位置なのか，その構造的な特徴をいくつか述べた．

第二に，経験と，経験を語ることの関係は，単純ではない．まずなにかを経験する，そしてそのあと，その経験は語られるかもしれないし語られないかもしれない．たしかに，そのとおりである．しかし，じつは，経験は（たとえすべての経験がそうであるわけではないとしても），そもそも初めから，それが語られる可能性との結びつきを持ちうる．このことは，ハーヴィ・サックスが，1960年代後半に考えていたことの一つである．

サックスは，興味深い観察をしている．私たちは，ある人から誰々は元気かと聞かれることがある．その誰々と一週間ぐらい話をしていなくても，私たちは，元気のようだと答えることができる（一週間会っていないから，わからないと答えることは，まずない）．なぜだろう．少なくとも，その誰々は，私にその間なにも語らない（電話もない）以上，私に語るべき経験をしていないと，私は判断できるからだ．もしかしたら，風邪を引いたりしたかもしれない．しかし，それは，その誰々にとっては，語るに値しない経験なのである．サックスは，例

えば，次のように語っている．

> 電話の理由となることがらは，まさにそれが起きたということそのことのゆえに告知されるべきものである．人びとは，なにか電話の理由となりうることが起きたとき，それを誰かに伝えるよう期待されているし，実際，それを誰かに伝える．人びとは，要するに，さまざまな出来事を，それが電話の理由になりうるかどうか，すなわち，それが語るに値するかどうかという点について評価しようする．（講義集，第 1 巻，779 ページ）

第三に，経験と，経験を語ることとの結びつきは，もっと強いものと捉えることもできる．つまり，経験は，「語るに値する」という一つの価値を持ちうるだけではない．経験がどのような経験として感じられるかは，それが誰にどのように語られる可能性があるかに，依存するだろう．原発が爆発した直後，親戚の家で世話になっていたときの苦労は，それが誰にどのように語るべきかという点から，評価されるだろう．それは，赤の他人であるボランティアに苦労話として語られることがあっても，当の親戚には感謝するべきこととして語られるかもしれない．その経験は，まさにそのように語られるべきものとして評価され，保持されることになるかもしれない．

1970 年の講義では，サックスは，経験の伝わり方と，経験がもたらす感情の関係について述べている．サックスは，ここで「感情を持つ権利」について語っている．

> 各自の経験が［各自に］もたらす感情が，［個人間で］混ざり合う可能性があるとしたら，次の 3 つの可能性が考えられるだろう．第一に，もし自分が何の経験もないならば，そもそもいかなる感情を持つ権利もない．第二に，もし他の人がその人自身の経験を私に語るなら，私は，その人と同じような感情を持つ権利はない．第三に，もし自分がある経験を持ち，かつ他の人が同じような経験のあることをその人から聞くならば，そのときは，そこから一挙に一般化を行なうにちがいない．そのときは，いずれの場合よりも強い感情を持つだろう．（講義集，第 2 巻，246 ページ）

ある人の身内の死については，その人が悲しむ権利を持つだろう．それを聞いた他人は，なにかしら悲しみを感じるとしても，その当人ほどの悲しむ権利はない．しかし，まったく同じ事情（災害，戦争など）でそれぞれ身内の死を迎えた者たちが，互いにそのことを知る機会があるならば，自分たちの悲しみを，さらに強めるかもしれない．もちろん，ここで「権利を持つ」と言うのは，サックス自身がそうであるべきだと考えているということではない．経験にもとづいてどのような感情を持つべきかが，社会的に（あるいは規範的に）仕組まれているのである．

　さらに，経験を伝えられた人が（たとえ自身で別の似た経験を持つわけでないとしても），「同じ親族」「同じ地域」「同じ国家」の者としてそれを聞くならば，その人は，同じ感情を持つ権利を主張できるかもしれない（このことが，強い共感とともに，大きな悲惨をももたらしうることは，歴史の教訓である）．ともあれ，経験がどのような意味をもつかは，その経験がどのような人にどのように伝わるかによって，変わりうる．

　それだけではない．第四に，ある経験が語られるとき，まさにそれが特定の誰かに語られる過程のなかで，聞く相手とともにその評価のすりあわせがなされることもある．早野の担当した三つの章（第5章，第6章，第11章）は，その語られた経験に対する経験者本人の態度が，まさにその語る行為のなかで，あるいは語る側と聞く側の相互行為のなかで，いかにすりあわされていくか，その様子を明確に伝えている．

　また，黒嶋と岩田の章（第8章と第9章）を並べてみたとき，次のことが示唆される．その語られた経験が当事者にとってどのくらい固有のものとなるかは，それを聞く側がどのような反応を示すかに，依存する．共有できる（「ありがちな」）経験なのか，その人だけに固有な経験なのか，あるいは，各個人にそれぞれ固有な，似た経験なのか．経験と経験者の関係は，聞く側（その経験を語られる側）の聞き方によって多様でありうる．同じ「被災者」であるボランティアも，同じ被災者として，語られた経験を聞くのか，それとも，語られたような被災経験は持たない者として，それを聞くのかによって，その語られた経験の意味が異なってくる．黒嶋の章はこのことを示唆している．

　避難所や仮設住宅の住民の経験が（またボランティアたちの経験も）どのよう

な経験であるか，あるいはその経験によってかれらがなにを感じているかは，まさにその経験が語られる相互行為の実際の展開のなかで，すりあわされる．だとすれば，当事者は，経験を明確な形であらかじめ持っており，インタビュアーは，それを単に聞き出せばよいだけだ，などという想定は成り立たないだろう．

足湯活動とジェンダー

　本書に組み込むことのできなかった大きなテーマが，一つある．足湯活動におけるコミュニケーションはしばしば，参加者の「ジェンダー」と深い結びつきを持つ．足湯利用者の語る経験がすでにジェンダー化されていることもある．例えば，第9章の事例（1）の26行目で，（ボランティアが自分の店を止めることを告げたあと）利用者が「あたし(.)たちも商売やってた↓だ(よ)」と述べていた．なぜ「あたし」ではなく「あたしたち」なのか．この利用者は年配の女性である．非分析的な印象でしかないが，もしこの利用者が男性だったら，「わたし」と言ったのではないかという気がする．家族のなかでの異なる位置，および家で営まれている仕事（「商売」）のなかでの異なる位置が，男女の区別にしたがって切り分けられていること，このことを反映する言い方になっているような気がする．

　もちろん，印象でものを語っていてもしようがない．が，このようなことは，同じような事例を集めて調べることはできるはずである．それだけではない．次の事例は，利用者の一人が，自分の親戚の年配女性を，（一緒に横で足湯に参加しながら）冗談を言いながら元気づけているところである．

```
(1)
1  利用者2:    .hh イケメンだん性に 揉んで もら
2             っ↓て［つえ棒 明日か- 今日から 帰り＝
3  利用者1:        ［ん::::ん
4  利用者2:    ＝いん'ないか↓ら
```

　この事例のように，はっきりと「性別カテゴリー」（「男（性）」「女（性）」）を

用いて，足湯参加者に言及することも，しばしば観察できる．しかも，事例 (1) では，「男性」として言及されているボランティアの，その容姿が肯定的に評価されている（「イケメン」）．それだけでなく，ボランティアが，いま行なっていること（マッサージ）が言及されている．しかも，「揉む」という身体接触に焦点を絞るような表現が用いられている．そして，最後に，この「イケメン男性」による身体接触が，冗談の対象となっている利用者1にもたらしうる結果を，極端な形で（今日から杖がいらなくなると）述べている．

　足湯におけるコミュニケーションの特徴（マッサージをともなうという特徴）と参加者のジェンダーとの深い結びつきは，単に分析者の推測ではなく，参加者たち自身の発言のなかにはっきりと見てとれる．

　足湯活動が参加者どうしの身体接触をともなうことは，ジェンダー・カテゴリーのもとでの，相互行為の（再）組織化を強く促すことになるだろう．本書の続きがいずれ書かれるとするならば，ジェンダーをめぐる問題領域は，避けて通ることのできないものであるにちがいない．

多様な志向様式をともなうコミュニケーション

　たしかに，相互行為がなされている間中，身体の一部が触れ合っているようなやりとりは，普通ではないかもしれない．しかし，一方，私たちの相互行為は，たいていの場合，相手の身体をさまざまな形で感じるなかで行われる．たとえ声しか聞こえない電話でのやりとりであっても，受話器の向こうに，そこから聞こえるのがまぎれもなく人の声である以上，私たちは相手の身体を感じることができる．いわゆる対面的な相互行為においては，相手の身体は目の前に見えている．そもそもコミュニケーションそのものがジェンダーと深くかかわっているように感じるとするならば，それは，コミュニケーションの持つ本源的な身体性のゆえだろう．

　こう考えるならば，足湯活動の相互行為は，相互行為そのものが本源的に持つ身体性を，最も極端な形で実現していると言えるかもしれない．身体は，私たちがどこにどの程度の注意を向けているかを表現するものであるとともに，相手の注意の向きを受け取るものでもある．目は，自分が現在どこに最も多くの注意を向けているかを表現する部位であるとともに，相手の目の向きを感知

する部位でもある．このような注意の向きを「志向」と呼ぶとき，足湯活動における相互行為は，視覚的な志向，音声的・聴覚的な志向に加えて，触覚的な志向という，多様な志向様式を巻き込んでいる．

そのとき，相手の目に表現される視覚的志向（どこを見ているか）は，自分が相手のその目に視覚的に志向することによって捉えられる．あるいは，相手の触覚的志向（どこに触れているか）は，自分の触覚的志向（どこに触れられているか）において捉えられるときもあれば，自分の視覚的志向（どこに触れているかを見ること）において捉えられるときもある．音声として発せられた言葉の内容と方向は，耳によって聴覚的に捉えられるだろう．

足湯活動は，コミュニケーションと身体性の関係についての考察を，理論的にも深めることができるフィールドである．本書はジェンダーを取りまく問題領域に直接踏み込むことはできなかったが，足湯活動をテーマとすることで，コミュニケーションの身体性について一つの観点を提示できたと思う．多様な様式の（音声的・聴覚的，視覚的，触覚的）志向がどこに（相互行為の相手に，あるいは手元に，あるいは足元に，あるいは別のところに）どのように配分されるか．この志向配分のやり方こそ，複合活動状況としての足湯活動を，その参加者たちが自分で，その活動のまっただなかで組み上げていくための重要な手続きの一つにほかならない．

足湯活動を構成する二つの活動，すなわちマッサージと会話は，前者が主に触覚的な志向にもとづくものであれば，後者は主に音声的・聴覚的な志向にもとづくものである．主な志向様式が異なるからこそ，両者は同時進行することができる．

しかし，第1章～第3章で見たように，このような志向様式の「棲み分け」は，厳格に維持できないし，する必要もないし，そして実際に，されることもない．第1章で検討したのは，マッサージ活動に言葉（マッサージ手順にかんする発言）がかかわるさまざまな事例だった．第2章で須永が検討したのは，二つの異なる（触覚的および音声的・聴覚的）志向様式にもとづく活動（マッサージと会話）が一見別々に同時進行しているときでも，じつは，その二つは互いに敏感な形で組織されているという事実だった．一方，第3章で検討した視線（視覚的志向）の配分は，両方の活動にかかわりつつ，両方の活動のあいだを調整す

るための手続きだった．

　三つの志向様式の複雑な関係は，例えば，第1章の図3を見返していただければ，感覚的につかみやすいだろう．ボランティアが利用者の左手を，利用者の左ひざのうえに置いたとき，利用者はそのことを触覚的に知ることができるだろう（そのとき利用者は横を向いていたことを思い出そう）．次に利用者が行なったことは，（次にマッサージを受けるべき）右手を，ボランティアに向かって差し出すことである．その差し出された右手は，ボランティアによって手で受けとめられるよう期待されている．そのとき，利用者による右手の差し出しは，まずはボランティアによって視覚的に捉えられることが期待されているはずである．

　実際には，ボランティアがそれを視覚的に捉えることができなかったために，「事故」が生じた（第1章を参照）．が，いずれにしても，多様な志向の適切な配分は，相互行為を組み上げていくための重要な手続きの一つである．本書は，そのことを明確に示すことができたと思う．

本当のおわりに──おわりをおわりとしないために

　こうして，足湯活動の相互行為分析に一つの区切りがついた．しかし，福島県における足湯活動にはなんの区切りもついていないし，仮設住宅，借上げ住宅，その他避難先での人びとの生活は続いている．この続いている現実のなかで，本書は，その現実の，どのような一部となることができるだろうか．

　　　　　　　　　　　　　　　　　　　　　　　　　　　　　　（西阪仰）

あとがき

　このプロジェクトに参加し，本書の執筆に携われたのは，私にとって，とても幸いなことだった．足湯ボランティア活動の収集，分析をとおして，本当に多くを学んだ．その一つは，「赤の他人にできること」の大きさを知りえたことだと思う．
　足湯ボランティア活動における会話は，そのほとんどが，初対面の人どうし，赤の他人どうしの会話だ．避難所・仮設住宅で生活している方とボランティアという，多くの場合は年齢も出身地も職業も異なる人たちが初めて出会い，限られた時間の間，会話をする．そのような人工的に設けられた環境で，利用者の方たちにとって「有意義な」会話が実現する，ということが，最初，私には想像し難かった．苦労や悩みなどを打ち明けるのならば，気心知れた家族や友人に話すのではないか，赤の他人との会話など，話は途切れ途切れになるか，そうならなかったとしても，差し障りのない話題に終始するのではないかと思われた．だから，このプロジェクトに携わることがなかったなら，私は足湯ボランティア活動に対して，臆病な気持ちを抱いたまま，参加することはなかったかもしれない．
　でも，実際に足湯ボランティアに参加してみて，また，えられたデータを分析してみて，赤の他人と交わす，その場限りの会話が，非常に豊かなものになりうること，身近な人たちとの会話では得難いものを得る時間となりうることを知った．そこで語られる話題は，つねに震災・原発事故，あるいは避難生活での苦労についてのものだとはかぎらない．ごく日常的な，楽しい出来事についての会話が続くこともある．避難者とボランティアという関係にしばられることなく，その時々で，どんな話題について語り合いたいのかを交渉しあい，話したくないことを無理に話すことなく，しかし話す話題がなくて困りきると

いうこともなく，心地よく会話をすることができるのだ．

　本書をとおして見てきたように，会話のなかで共感を構築するうえで，同じ土地で，同じ人生経験を積んでいるということは，必ずしも必要なことではない．出身地，年齢，職業などが異なっていても，もっと言えば，価値観が異なっていたとしても，互いに態度を伝えあい，すりあわせて，充実した会話をすることができる．

　むしろ，他人同士，初対面どうしであるからこそ，気楽に話せることもあるのかもしれない．避難生活を送っている方たちは，家族や隣人と共に，仮設住宅や借り上げ住宅で，日々を暮らしている．家族や隣人は，身近な，大切な存在だが，だからと言って，「なんでも話せる」相手だとはかぎらないと思う．自分が昔，どんな子どもだったか，どんな仕事をしていたか，どんな歌が好きか，など，多くの事柄は，家族であればとっくに話し尽くしていて，話題にするにはあまりにも「今さら」という感じがするのではないか．同じように，震災・原発事故にかかわる経験や，日々の避難生活での苦労についても，繰り返し話題にすることは憚られる，ということもあるかもしれない．今日も明日も顔を合わせる存在だからこそ，話さなくなる話題というのは存在すると思う．しかし，だからと言って，家族や隣人と話し合わない話題は，話したくない話題だということでもないはずだ．そして，そのような，家族と交わすには「今さら」だと感じられてしまう話は，初対面の相手とは気楽にできるものだろう．足湯ボランティアは，初対面どうしの会話であることを限界とするのではなく，むしろ，それをアドバンテージとして，利用者に，さまざまなことについて語る機会を用意してくれているのかもしれない．

　私は，避難生活を送っている方たちにとって赤の他人でしかありえない．それでも，赤の他人なりにしっかりとかかわってゆきたいと思う．

早野薫

　はじめて「足湯」に参加したときに，施設の横にあった喫煙所で初老の男性と話した．かれはその訪問のときには，特に足湯に参加するというわけでもな

く，足湯が行なわれている場所の周りの談話スペースに座って，足湯の風景を見ていた方だった．私が煙草を吸いに外に出た時に，ちょうどかれも外に出てきた．われわれは偶然，喫煙所に居合わせたのだ．どこから来たのか，どんな仕事をしていた，とかそんな話をしたことを覚えている．「どうですか？足湯．」と言ったら，「いや俺はいいよ．母ちゃんがやってもらってるから．ここまで連れてきたんだ．」という．「若い人たちが会いに来てくれただけで，よかった」のだそうだ．

　何度目かの「足湯」に参加したとき，帰りの道中，参加した学生の一人が言っていたことを思い出す．その日足湯をした一人の女性から，亡くなった夫とのエピソードを聞いたそうだ．手を揉むときに，指輪をしているのに気づいて，「指輪をはずしたくない」と言われたことがきっかけになって話し出したそうだ．その女性とは，何度もその施設で会っていて，お互い顔も名前も知っていたそうだ．何度も何度も行ってよかった，こういう話が聞けてよかったと，最寄りの駅に着くまで，熱を込めてそのことを話していた．たしかにその学生は何度も何度も足湯に参加していた．いろいろな場所でよく一緒になった．

　思い起こせば，筆者が初めて被災地の避難所に赴いたとき，殺伐とした雰囲気が漂っていたことや，無言で炊き出しに並ぶ人びとを見て途方に暮れた．なにが起きているのかわからなかった．いま思い出しても，途方に暮れる．なにをすればよいのかわからず，焦燥にかられた．

　今回，震災について考えながら，その焦燥はずっと続いている．これは重要な問題だ，と直感的に思う．本当に重要な気がする．でもどう重要なのかをうまく説明できない．自分が言うことに自信がもてない．「支援」とはなにか，「災害」とはなにか，故郷から遠く離れてどうすればいいのか，答えが出ない．言おうとすると，それは言いたいことと違うように感じる．一方で，言わずに慎重であろうとすればするほど，時間がどんどん過ぎていく．自分はなにも言えずに東京で寝ていることが，頭にくる．

　足湯において行なわれる相互行為を見たいと思ったのは，そうした重要だという直感を，遠くで考えてなんとかするということを，「断念」したからもしれない．足湯をするために何度も施設に通っている若者たちは，そこに住む人びととの「一番近く」まで行って，足湯活動をしている．「支援」とはなにか，「災

害」とはなにか，遠くで考えることに先立って，自分たちができることをまずしている．自分も，彼らにならって，地道に，「起きていること」や「人びとが考えていること」を「一番近く」まで行ってから考えようと思った．そう思って，断念した．そして，「一番近く」でものごとを考えるのに，相互行為分析という視点があったことに感謝した．

福島県内で動き回って，東京に戻ってきてからは，しばらくどうしようもない状態だった．福島県内で見てきたことを，どうしたらよいかわからなかった．西阪仰先生がすぐに相談に乗ってくれて，その後も福島県にかかわることができるよう，プロジェクトを立ててくれたことは，とてもありがたかった．ほかにも，指導教官である江原由美子先生をはじめ，多くの方が震災でぐらついた自分にかけてくれた言葉は忘れられない．

だがなによりも，録画することを承諾し協力してくれた方々に感謝したい．冒頭の，男性が言ってくれた「会いに来てくれただけで，よかった」という言葉を固く信じている．そしてそうした言葉こそが今回の研究の推進力になっている．本書は，足湯活動のあの場にあのとき共にいることのできたすべての方々との，共通の財産だと思っている．

須永将史

東日本大震災が起こったとき，私は茨城県つくば市の職場にいた．

激しい横揺れが数分間続いた．地震直後から停電になり，携帯でネットやTwitterを見て情報収集をした．東北の太平洋沖が震源地らしい，大津波が来ているから高台に避難した方がいい，というようなツイートを見たのを覚えている．でも正直それ以降は，自分の周辺のことにかんする情報収集（例えば電車の運行状況や，自宅のある東京の状況など）に必死で，あまり他のことに気が回らず，東北でなにが起こっているのか，翌日の朝，復電してニュースを見るまでは全然分かっていなかった．携帯のバッテリーも夜には切れた．その日は，電車が運行停止になり，職場の同僚のお宅に，数人の他の同僚とともにお世話になった．とても寒い3月の夜だった．

あとがき

　東日本の沿岸部を襲った津波と，それに引き続き起きた福島第一原発事故．それから毎日，新聞を開いては，大きく表示された見出しの内容に心を揺さぶられた．毎日不安な気持ちで過ごしていた．地震直後は，自分が地震の影響を多少なりとも受けた当事者であるという意識が少なからずあったように思う．しかしそれは，東京や職場がもとに戻る中で少しずつ薄れ，被災地の人びとがおかれている大変な状況を思い，自分でもできるかぎりの支援をするようになった．また，職場の研究所では，研究者としてできることはなにかを，自分自身も，また周りの研究者たちも皆が考えていた．声に出すことはなくてもたしかにそういう空気があった．このプロジェクトのお話を聞いたのはそんな折だった．

　福島での取材は 2011 年の 7 月から徐々に始まった．私はそれまで，福島に行ったことがなかった．生まれ育った場所も遠く，親せきも関西・関東方面が多い．東北にはいままでゆかりがなかった．だから，福島の人たちから聞く地元のお話はどれも新鮮だった．浜通り，中通り，会津という言い方も初めて知った．浜通りは海からの風が吹き込むから夏でもエアコンがいらない，でも中通りの福島市は盆地だからとても暑い，桜の名所は開成山，など地元の話は足湯でも盛り上がる話題の一つだ．

　足湯ボランティアには，取材活動のなかで参加させていただいた．避難所生活を送られている方々や，様々な立場から足湯活動に携わる支援者の方との多くの出会いがあった．足湯で色んなお話を聞いた．福島弁は慣れていないから，聞き取りには苦労した．それでも会話は弾んだ．揉んでいる手は，どの方のも一様に一生懸命仕事をされてきた力強い手だと感じた．私のマッサージなんて本当に効くのだろうかと疑いたくなるような立派な手をされていた．

　以上は，私が本プロジェクト開始前後に経験したことである．もちろん，そのダイジェストではあるが，終章で言われているように，これらは全て私にとって，語るに値する経験である．

　会話分析という研究手法がこの未曾有の事態にできることは何なのか．当初，そのような問いに対して明確な答えを私自身は持てていない気がしていた．しかしこの度の執筆に際し行なった分析で，あらためて，人と人とがかかわるというのはどういうことかを考える原点に戻ることができた．そしてその解明に

そが，やはり会話分析にできることだと感じている．大袈裟ではなく，普段何気なく他者と会話をするときに感じていることや行なっていることであるにもかかわらず，そのメカニズムを解くことは容易ではない．人びとの目に見える身体的振る舞いのなかに，聞くことのできる会話のなかにそのこたえはあるはずなのだが．

　本書の各章が示す，足湯に参加している人たちが，会話をするなかでなしとげている，「身体的行為と会話を調整すること」，「相手に寄り添うこと」，「不満を述べること」がどう行われているのかを，日常のやりとりのなかに潜む，会話者の志向性，行為が共感的にはたらく所以や，経験を語るうえでのすり合わせなどの記述をとおして，解明できたとすれば，それは会話分析にできることの証明だと思う．今回の執筆をとおして，人と人がかかわることがどういうことなのか，足湯に参加している方たちからたくさん学ぶことができた．そのことに感謝したい．

　末筆ではあるが，第8章の草稿に目を通し，大変有益なコメントを下さった串田秀也氏と岩崎志摩子氏に御礼申し上げたい．

　本書を読むことで，読者の方々が何かを感じる経験をしていただければ，著者冥利に尽きる．

黒嶋智美

　2年前の3月，私は，津波，そして福島の原発事故の映像が繰り返し流されるテレビの画面を茫然と見詰めることしかできなかった．なにかしたい，でも，どうすればいいかわからない．そう思っていたとき，現地のコーディネーターのご厚意により，足湯ボランティア活動に参加する機会に恵まれた．これは，本当に貴重な体験であった．

　実際に自分がボランティアをしてみて実感したのは，この足湯にマッサージが組み合わされることで，相手に直接触れることが活動の一部として許されている，そのことの意味だった．傾聴する活動であったら，初対面の関係で話を聞きながら相手に触れることは，なかなかできないし，互いの距離もほぼ一定

で，終始それほど変わらない．しかし，足湯活動は，そうではない．足湯に参加される方は，裸足になって湯に足を浸し，ひざまずいて向き合う初対面の私に手を委ねる．しばらく黙ってマッサージしていくうちに，次第に，訥々と語り始めてくださる．それは，避難生活の経験であったり，子どものことだったり，じつにさまざまだ．その言葉に耳を傾けながら，腕をさすり，手を揉む．そのことが，時として，語りの内容に共感したいという気持ちと連動することがあるのを感じた．

本書では，ボランティアと避難所や仮設住宅で生活される方々の間で，充実した会話が展開している様子がさまざまな角度から描き出されている．各地から駆けつけた学生ボランティアは，コミュニケーションや傾聴のトレーニングを受けたことがないにもかかわらず，語りを適切に受け止め，すり合わせ，共感を達成している．そのような年代や経験の差を越えたやり取りの実現に，マッサージをとおした手のふれあいが果たす役割は，決して小さくないと思う．

データの収録で避難所や仮設住宅を訪れた際には，この活動を組織するNPO団体やボランティアの方々が真摯に支援に取り組む姿に感銘を受けた．活動の維持運営には，多くの困難や課題があるだろうことは想像に難くない．しかし，どの方もみな，一様に明るく，タフでしなやかだった．そして，研究のためという，通常のボランティアとは目的の異なる私たちを受け入れ，気遣ってくださったことは，とてもうれしく，ありがたかった．

今も，ニュース等で，データの中で繰り返し聞いた村や町の名前を耳にすることがある．そのとき，目に浮かぶのは，自分はかつてその村にいたのだと語っていた方々，そして，その語りを真剣に聞いていたボランティアの顔だ．今でも，仮設住宅での不自由な生活を余儀なくされている方々が，一日でも早く，元の落ち着いた暮らしを取り戻される日が来ることを願ってやまない．

岩田夏穂

本文のなかで言及した文献一覧

はしがき

Schütz, Alfred, und Luckmann, Thomas. (1979). Strukturen der Lebenswelt. Frankfurt am Main: Suhrkamp.

西阪仰. (2012). 西阪研究室研究プロジェクトにおけるデータの使用および管理のための指針（2012年度版）http://www.meijigakuin.ac.jp/~aug/guideline_12.pdf

記号一覧

Jefferson, Gail. (2004). Glossary of transcript symbols with an Introduction. In Gene H. Lerner (Ed.), *Conversation analysis: Studies from the first generation* (pp. 13-23). Philadelphia: John Benjamins.

西阪仰. (2008).「日本語会話のトランスクリプションのための記号」
http://www.meijigakuin.ac.jp/~aug/transsym.htm

Schegloff, Emanuel A. (n.d.). Transcripts symbols for conversation analysis.
http://www.sscnet.ucla.edu/soc/faculty/schegloff/TranscriptionProject/

序章

神戸弁護士会. 1997.『阪神・淡路大震災と応急仮設住宅 ——調査報告と提言』(請求番号 震災-6-145) http://www.lib.kobe-u.ac.jp/directory/eqb/book/6-145/index.html

総理府阪神・淡路復興対策本部事務局. 2000.『阪神・淡路大震災復興誌』
http://www.bousai.go.jp/4fukkyu_fukkou/hanshin_awaji.html

「ビックパレットふくしま避難所記」刊行委員会. 2011.『生きている 生きてゆく——ビックパレットふくしま避難所記』アム・プロモーション.

福島大学ボランティアセンター. (2011-2013).「ブログ」http://fukudaivc.blog67.fc2.com/

復興庁. 2012.「復興の現状と取組」http://www.reconstruction.go.jp/topics/120521genjoto-torikumi.pdf

第1章

Goffman, Erving. (1963). *Behavior in public places*. New York: Free Press.（アーヴィング・ゴッフマン［丸木恵祐・本名信行訳］『集まりの構造』誠信書房，1980.）

西阪仰. (2008).「発言順番内において分散する文——相互行為の焦点としての反応機会場」『社会言語科学』10(2), 83-95.

Sacks, Harvey, Schegloff, Emanuel A., and Jefferson, Gail. (1974). A simplest systematics for the organization of turn-taking for conversation. *Language, 50*, 696-735.（ハーヴィ・サックス，エマニュエル・A・シェグロフ，ゲール・ジェファソン［西阪仰訳］「会話のための順番交替の組織」西阪仰編訳『会話分析基本論集』世界思想社，2010.）

第3章

Kendon, Adam. (1967/1990). Some functions of gaze direction in two-person conversation. In A. Kendon, *Conducting interaction: Patters of behavior in focused encounters* (pp. 51-90). Cambridge, UK: Cambridge University Press.

Goodwin, Charles. (1979). The interactive construction of a sentence in natural conversation. In George Psathas (Ed.), *Everyday language: Studies in ethnomethodology* (pp. 97-112). New York: Irvington.

Goodwin, Charles. (1980). Restarts, pauses, and the achievement of a state of mutual gaze at turn-beginning. *Sociological Inquiry, 50*(3-4), 272-302.

Goodwin, Charles. (1981). *Conversational organization: Interaction between speakers and hearers.* New York: Academic Press.

Heritage, John. (2012). Epistemics in action: Action formation and territories of knowledge. *Research on Language and Social Interaction, 45*(1), 1-29.

Heritage, John. (2012). The epistemic engine: Sequence organization and territories of knowledge. *Research on Language and Social Interaction, 45*(1), 30-52.

Rossano, Federico. (2012). Gaze in conversation. In Jack Sidnell and Tanya Stivers (Eds.), *The handbook of conversation analysis* (pp. 308-329). Oxford, UK: Blackwell.

Rossano, Federico. (2012). *Gaze behavior in face-to-face interaction.* Unpublished doctoral dissertation. Radboud University Nijmegen, the Netherlands.

第4章

Maynard, Douglas W. (1980). Placement of topic changes in conversation, *Semiotica, 30* (3-4), 263-290.

Maynard, Douglas W. and Zimmerman, Don H. (1984). Topical talk, ritual, and the social organization of relationships. *Social Psychology Quarterly, 47*(4), 301-316.

Nishizaka, Aug. (2011). Response expansion as a practice for raising a concern during regular prenatal checkups. *Communication & Medicine, 8*(3), 247-259.

第5章

Hayano, Kaoru. (2011). Claiming epistemic primacy: *Yo*-marked assessments in Japanese. In Tanya Stivers, Lorenza Mondada and Jakob Steensig (Eds.), *The morality of knowledge in conversation* (pp. 58-81). Cambridge, UK: Cambridge University Press.

Heritage, John. (1984). A change-of-state token and aspects of its sequential placement.

In J. Max Atkinson and John Heritage (Eds.), *Structures of social action* (pp. 299-345). Cambridge, UK: Cambridge University Press.

第 6 章
Schegloff, Emanuel A. (1996). Confirming allusions: Toward an empirical account of action. *American Journal of Sociology, 102*(1), 161-216.

Labov, William and Fanshel, David. (1977). *Therapeutic discourse: Psychotherapy as conversation*. New York: Academic Press.

第 7 章
Hayashi, Makoto. (2009). Marking a 'noticing of departure' in talk: Eh-prefaced turns in Japanese conversation. *Journal of Pragmatics, 41*(10), 2100-2129.

Heritage, John. (2011). Territories of knowledge, territories of experience: Empathic moments in interaction. In Tanya Stivers, Lorenza Mondada and Jakob Steensig (Eds.), *The morality of knowledge in conversation* (pp. 159-183). Cambridge, UK: CambridgeUniversity Press.

第 8 章
Goodwin, Charles. (2002). Time in action. *Current Anthropology, 43*, 19-35.

Hayano, Kaoru. (2012). *Territories of knowledge in Japanese conversation*. Unpublished doctoral dissertation. Radboud University Nijmegen, the Netherlands.

Heritage, John. (2011). Territories of knowledge, territories of experience: Empathic moments in interaction. In Tanya Stivers, Lorenza Mondada and Jakob Steensig (Eds.), *The morality of knowledge in conversation* (pp. 159-183). Cambridge, UK: Cambridge University Press.

Sacks, Harvey. (1970/1992). Lecture 4, Spring 1970 (Storyteller as 'witness'; Entitlement to experience). In Harvey Sacks, *Lectures on conversation* (Vol. 2, pp. 242-248). Oxford, UK: Basil Blackwell.

第 9 章
Goodwin, Charles. (1979). The interactive construction of a sentence in natural conversation. In George Psathas (Ed.), *Everyday language: Studies in ethnomethodology* (pp. 97-112). New York: Irvington.

Sacks, Harvey. (1968/1992). Lecture 1, Spring 1968 (Topics). In Harvey Sacks, *Lectures on Conversation* (Vol. 1, pp.752-763), Oxford: Basil Blackwell.

第 10 章
Goodwin, Charles. (1996). Transparent vision. In Elinor Ochs, Emanuel A. Schegloff, and

Sandra A. Thompson (Eds.). *Interaction and grammar* (pp. 370-404). Cambridge, UK: CambridgeUniversity Press.

Heritage, John. (2011). Territories of experience, territories of knowledge: Empathic moments in interaction. In Tanya Stivers, Lorenza Mondada and Jakob Steensig (Eds.), *The morality of knowledge in conversation* (pp. 159-183). Cambridge, UK: Cambridge University Press.

Jefferson, Gail. (1978). Sequential aspects of storytelling in conversation. In Jim Schenkein (Ed.), *Studies in the organization of conversational interaction* (pp. 219-248). New York: Academic Press.

第11章

Heritage, John, and Raymond, Geoffrey. (2005). The terms of agreement: Indexing epistemic authority and subordination in talk-in-interaction. *Social Psychology Quarterly, 68*(1), 15-38.

終章

Sacks, Harvey. (1968/1992). Lecture May 8, 1968 (Reason for a call; tellability). In Harvey Sacks, *Lectures on conversation* (Vol. 1, pp. 773-783). Oxford, UK: Basil Blackwell.

Sacks, Harvey. (1970/1992). Lecture 4, Spring 1970 (Storyteller as 'witness'; Entitlement to experience). In Harvey Sacks, *Lectures on conversation* (Vol. 2, pp. 242-248). Oxford, UK: Basil Blackwell.

人名索引

グッドウィン　Goodwin, Charles　　49, 61, 130, 149, 159
ケンドン　Kendon, Adam　　49
ゴッフマン　Goffman, Erving　　13
サックス　Sacks, Harvey　　61, 128, 154, 190-192
シェグロフ　Schegloff, Emanuel　　108
ジェファソン　Jefferson, Gail　　160
シュッツ　Schütz, Alfred　　i
ジンマーマン　Zimmerman, Don　　67
西阪仰　　23, 74

林誠　　121
早野薫　　94, 136
ファンシェル　Fanshel, David　　106
ヘリテッジ　Heritage, John　　61, 84, 113, 127, 159, 175
ポルナー　Pollner, Melvin　　i
メイナード　Maynard, Douglas　　67, 72
ラボブ　Labov, William　　106
レイモンド　Raymond, Geoffrey　　175
ロッサーノ　Rossano, Federico　　53, 55, 59

事項索引

あ 行

一般化　133-134, 137-138
受け止め
　語りの——　158-171
　返答（応答）の——　71-74, 78-79, 81
応答の拡張　74-75, 77, 79, 81, 124

か 行

会話分析　4, 6, 7
会話の切れ目　18
語り　40-41, 100, 104, 127, 131, 134-139, 141-148, 152, 160-163, 166-169
　——の受け止め　158-171
　——の収束　143, 145-146, 148
　——の終了（終わり）　157, 162, 166-169
　——の中断　38
　経験の——　128, 137, 189-193
語る側　53, 56, 64, 192
語るに値する経験　191
活動
　基底的——　13-14, 21, 27-28, 30, 47, 59, 64, 65
　主要な——　14, 20, 27, 30
　随伴的——　13-14, 64
　複合——　8-9, 28, 50, 65, 67, 195
　副次的——　14, 20-22, 27
感情を持つ権利　191-192
関与の配分　14
期間の表わし方　10, 97-111
期間表現に表われる態度　97-111
聞く側　53, 56-57, 64, 192
基底的活動　13-14, 21, 27-28, 30, 47, 59, 64, 65
基底的領域　59, 61, 65
共感　83(定義), 113(定義)
　——的反応　6, 8-10, 83, 86, 95, 109, 113-114, 116, 118-119, 132-134, 141-144, 146-152, 155-156, 158, 160-162, 164, 166, 168-170, 178, 185-186
　——の技法　10, 113-114
　——の権利　125, 141-142, 145-147, 149-150, 155
共通性の提示　141-152, 154-156
愚痴　176, 179
クライマックス　130-131, 167
経験
　——の語り　128, 137-138, 169, 189-193
　——の権利　128
　——の固有性　128-129, 133-134, 137, 138, 141-142, 145, 155
　——の尊重　129, 134
原発避難　8
権利
　感情を持つ——　191-192
　共感の——　125, 141-142, 145-147, 149-150, 155
　経験の——　128
　批判をする——　183, 186
　評価をする——　175
コミュニケーション・ボランティア　1, 10, 63, 189

さ 行

差異化　134, 137
ジェスチャー　130
ジェンダー　193
志向様式　194-195
ジレンマ　40, 113-114, 119, 125, 171
社会的通念　152, 154
終了
　足湯活動の——　15-16, 33, 46

語りの——　157, 162, 166-169
終了作業　30-38
主要な活動　14, 20, 27, 30
焦点領域　50
職業カテゴリー　152
身体性　194-195
身体接触　194
随伴的活動　13-14, 64
正（＋）の価　83-84, 86, 113
性別カテゴリー　193
相互行為　4-8, 10, 13, 27, 31, 44, 49-50, 53, 65, 81, 83, 119, 128, 136, 150-151, 155, 157, 170, 175 189, 192, 196
　　——論　8
　　——全体　15, 21
　　——分析　196
　　対面的な——　194
相互視界　42, 46-47

た　行

態度　10, 83-95, 113, 115, 119, 125, 128, 132-135, 139, 142, 144, 146-147, 152-153, 155-156, 158-159, 163-166, 175, 177-178, 179-182, 186-187
　　期間表現に表われる——　97-111
　　——のすりあわせ　10, 87, 112, 186
　　——の齟齬　87-89, 92, 95, 109
態度表出語　132-134, 157-171
立場の差異　137
「ちゃう」「ちゃった」　108, 154, 178-179, 182, 185
中越地震　2, 28
中断
　　応答の——　41
　　会話の——　17
　　語りの——　38
　　発話の——　21-22
　　マッサージの——　38
沈黙　5-6, 34, 37, 39, 43, 54, 63-64, 78, 137, 157, 160, 164, 166, 168, 169, 170
手続き　7, 9
「でも」　6, 113-126
当事者の経験への配慮　137
特定化　152

同種性　154-155
飛び越え　113-126, 168-169

な　行

認識論　136

は　行

発話順番　20, 158, 160, 162
発話の連なり　53, 57-58, 61, 157, 161-162, 164, 166, 169-170
阪神淡路大震災　1, 2, 28
反応機会場　23
東日本大震災　ii, 1, 10, 28
批判する権利　183, 186
評価　88, 94, 90, 95, 107, 133-134, 136-137, 144, 158, 164, 168
　　期間の——　104-110
　　——表現　133, 137
　　——をする権利　175
複合的活動　8-9, 28, 50, 65, 67, 195
副次的活動　14, 20-22, 27
福島第1原子力発電所　i, ii, 1
負（－）の価　83, 113, 133
不満の正当性　179-182
プラクティス　35
報告　43, 83-84, 92, 132, 158-161, 170

ま　行

マッサージ手順への言及　16-18, 20-21, 31-32
無効化　150
物語り　129-131, 160
「もんな」「もんね」　144, 147

や・わ　行

「よ」　94
「よね」　136
話題
　　傾聴するべき——　40
　　——探し　28
　　——の展開　8, 50, 72, 77, 79, 81
　　——の切り替え　70, 72
　　——の移行　50, 72
割り込み　20, 24, 27

著者紹介

西阪　仰（にしざか あおぐ）（序章，第1章，第3章，第4章，第7章，終章担当）
現在，明治学院大学社会学部教員．文学博士．専攻は，エスノメソドロジーおよび会話分析．ここ10年ほどは，いわゆる「産科医療」における妊婦と保健医療専門家（医師や助産師）の相互行為を研究してきた．
著書：『相互行為分析という視点』（金子書房，1997年），『心と行為』（岩波書店，2001年），『分散する身体』（勁草書房，2008年）ほか．論文：Self-initiated problem presentation in prenatal checkups (*Research on Language and Social Interaction*, 2010), The embodied organization of a real-time fetus (*Social Studies of Science*, 2011), Response expansion as a practice for raising a concern during regular prenatal checkups (*Communication & Medicine*, 2011) ほか．訳書：ジェフ・クルター『心の社会的構成』（新曜社，1998年），ハーヴィ・サックス他『会話分析基本論集』（世界思想社，2010年）ほか．

早野　薫（はやの かおる）（第5章，第6章，第11章担当）
現在，お茶の水女子大学外国語教育センター教員．Ph.D.（語学）．専攻は，会話分析，言語学．とくに，会話における知識の領域について，研究に取り組んできた．
論文：Claiming epistemic primacy (*The morality of knowledge in conversation*, 2011), Question design (*Handbook of conversation analysis*, 2012) ほか．

須永　将史（すなが まさふみ）（序章，第2章担当）
現在，首都大学東京人文科学研究科社会学教室博士後期課程．専攻は，会話分析，ジェンダー論．ジェンダー論の観点から，コミュニケーションと身体の関係について研究している．
論文：「『ジェンダー・トラブル』の〈ジェンダー〉と「身体なるもの」」（『社会学評論』，2013年）．

黒嶋　智美（くろしま さとみ）（第8章，第10章担当）
現在，明治学院大学社会学部付属研究所研究員．Ph.D.（応用言語学）．専攻は，会話分析．救命救急や病理診断での指導医と研修医や，寿司屋の客と板前の相互行為などを分析している．
論文：Another look at the service encounter: Progressivity, intersubjectivity, and trust in a Japanese sushi restaurant (*Journal of Pragmatics*, 2010) ほか．

岩田　夏穂（いわた なつほ）（第9章担当）
現在，大月市立大月短期大学教員，人文科学博士．専攻は，日本語教育，会話分析．特に日本語非母語話者を交えた会話の参加の組織化に関心がある．
著書：『にほんご会話上手！』（共著，アスク出版，2012年），論文：「宛てられていない参加者の発話が適切になる現象」（共著，『社会言語科学』，2008年）ほか．

共感の技法

福島県における足湯ボランティアの会話分析

2013年7月20日　第1版第1刷発行

著　者　　仰　　阪　　西
　　　　　　　　　　　野　　早
　　　　　　薫　　　　　須
　　　　　　史　　永　　黒
　　　　　　美　　将　　嶋
　　　　　　穂　　智　　田
　　　　　　　　　夏　　岩

発行者　　井　村　寿　人

発行所　株式会社　勁　草　書　房
112-0005 東京都文京区水道2-1-1　振替　00150-2-175253
（編集）電話　03-3815-5277／FAX　03-3814-6968
（営業）電話　03-3814-6861／FAX　03-3814-6854
日本フィニッシュ・中永製本所

©NISHIZAKA Aug, HAYANO Kaoru, SUNAGA Masatumi,
KUROSHIMA Tomomi, IWATA Natsuho 2013

ISBN978-4-326-60255-1　　Printed in Japan

JCOPY ＜(社)出版者著作権管理機構　委託出版物＞
本書の無断複写は著作権法上での例外を除き禁じられています。
複写される場合は、そのつど事前に、(社)出版者著作権管理機構
（電話 03-3513-6969、FAX 03-3513-6979、e-mail: info@jcopy.or.jp）
の許諾を得てください。

＊落丁本・乱丁本はお取替いたします。
　　　　　　http://www.keisoshobo.co.jp

西阪 仰
分散する身体
―エスノメソドロジー的相互行為分析の展開

A5判 4,200円
60202-5

マイケル・リンチ／水川・中村 監訳
エスノメソドロジーと科学実践の社会学

A5判 5,565円
60244-5

D・メイナード／樫田・岡田 訳
医療現場の会話分析
―悪いニュースをどう伝えるか

A5判 3,045円
60169-1

杉原由美
日本語学習のエスノメソドロジー

A5判 3,150円
25064-6

―――――――――――勁草書房刊

＊表示価格は2013年7月現在．消費税は含まれております．